〈感謝的話〉

首先感謝我們的父母無條件支持我們的選擇。再感謝Tim的
姐姐們提供了許多資源、協助和意見。最後是陪伴我們一
起這12年的自學家長、自學學生、校內校外的老師、各級
教育主管機關的長官、幫忙提案及連署的民意代表、教育
團體的戰友、關心自學的學者專家和媒體記者等。

走在這條人煙稀少的教育路上，沒有你們不行。

波蘭媽媽 × 台灣爸爸
的地球村教養經驗

我家就是
國際學校

Dorota Chen-Wernik **魏多麗・陳怡光** 著

增修版

目 錄

　　陳明秀、陳明哲、陳明玲，臺灣少數最幸運／幸福的學生之一。說他們幸運，是因為他們擁有陳怡光和Dorota這樣的父母，說他們幸福，是因為父母決定陪他們走在適性成長的自學之路上。也因此，這個世界就多了兩個精彩的孩子，為自己和他人，創造出更美麗的生活。

　　在臺灣推動自主學習近二十年，學校從小學辦到高中，非學校從培力學園到在家自學，無數的父母問過我：「我的孩子能自主學習嗎？我的孩子可以在家自學嗎？」我總是誠實地回答：「我沒見過不可能自主的孩子，但是孩子能不能自學？甚至能不能好好學習，要看父母和環境。」

　　太過自信的父母，會修剪過度，讓孩子長不出自己的樣子；沒有自信的父母，孩子心理無所依憑，反而充滿邊界失去的不安；有些假民主之名的父母，養出狡獪的孩子，有些誤解自由的父母，孩子讓人頭疼……，這些孩子如果送到好的學校，遇到好的老師，或者還有希望導正，勉強在家自學，恐非親子之福。

　　可是，臺灣大部份的學校確實讓人不安，這是為什麼近二十年來，有的人努力辦另類教育學校，有的人致力在強迫

入學條例下，打通小學到高中自學的合法之路。這個父母教育選擇權安靜（偶爾也需要抗爭一下）而漫長的革命中，陳怡光先生，近年來扮演著自學法制化的重要推手和正向的領導角色。如果說目前教改界有人不知道教選盟的陳爸，倒是難以想像的事。

很高興怡光把他們家的自學經驗整理出書了。書中Dorota以親切的筆調，清楚說出他們的理念、作法、並分享了教材教法。不但自學的家庭可以參考，對在家自學的好奇者、研究者來說，也是一本很好的介紹書和健康案例。

不過我希望大家不要看到怡光家的故事後，覺得自己無法做到像怡光和Dorota這樣，以致不敢讓孩子在家自學。因為外在的學習資源是可以依自己的條件來創造的，重要的是理念，以及因理念而起的實踐力。

身為父母者，要問的是：「我想養出什麼樣的孩子？」之後再來了解「我的孩子是什麼樣的小孩？」然後才是環境的創造和資源的尋求。

請記得：「疑問是學習的開始」，當你不知道怎麼理解孩子，或不知道怎麼寫申請書，或不知道怎麼面對親朋好

友，或不知道……時，請到非學校論壇http://groups.google.com/group/nonschool，或自學地圖http://www.alearn.org.tw/，那兒有許多自學的先行者，他們都像怡光一樣，願意提供一切助力。但是，助力終究只是一種助緣，自己的孩子，還是得挽挽袖子，自己來的。

作者簡介：

　　李雅卿，臺灣自主學習的倡議者，兩位自學者的母親，很多孩子和父母的朋友。新北市種籽親子實驗小學創辦人，前台北市自主學習（國·高中六年一貫）實驗計畫主持人，前自主培力學園主辦人，另類教育與非學校教育法制化的鼓吹者，2010年退休後隱居山中，不問世事。

〈推薦序〉
我所認識的魏多麗 Dorota／劉兆漢

　　我第一次看到Dorota，她還是一個被抱在母親手中的小嬰兒。那年（1974年），我剛開始跟她的父親 Andrzej Wernik 在研究工作上合作，應邀去他位在華沙附近Belsk的實驗室訪問。在那裡，我第一次跟她全家見面，和Wernik 家開始了到如今已近四十年的情誼。1980年左右，他父親應邀來到我當時工作的美國伊利諾大學一起合作研究，她隨父母在學校所在地 Urbana 城住了兩年，進了一所與大學密切合作的實驗小學，也實際經驗了美國小學生生活，奠定了她英語能力的底子。

　　當時大家工作壓力雖然很大，但實驗室的同事與家人，也會盡量找機會相聚分享各家下一代成長的喜悅。我當時與 Andrzej 同一間研究室，除工作項目討論外，也常常漫談時事及歷史，彼此對對方國家的背景及現況，增加了很多的瞭解。也得知他的妻子瑪麗是一位出色的scientific editor（科學編輯），夫妻都是滿有人文素養的科學家。

　　再看到 Dorota 時，她已是一位亭亭玉立的少女了。我1990年回到臺灣，在中央大學任職。1993年，有一個機會，中大太空科學所請 Andrzej 來校擔任客座教授，Dorota

陪他來臺。當她告訴我她在華沙大學讀的是漢學Sinology，
已是大三學生時，我相當驚訝，一方面感嘆時間的飛逝，一
方面是因為她選擇的領域。接著她表示對臺灣文學有興趣，
想研究白先勇的小説，希望利用在中大半年的時間，蒐集資
料，寫碩士論文。我立即察覺到，我印象中的小女孩，已成
長為一位有主見，並且做事有規劃的現代女性了。

　　Dorota在中大聽課，同時也積極參加文學院同學的課外
活動，英語系四年級每年推出自導自演的英語舞台劇，是年
度大事，我相信當時是透過共同參與舞台劇的製作，Dorota
與 Tim（怡光）相識、相戀，終成眷屬。這段國際姻緣一直
是中大校園中，大家津津樂道的佳話。

　　1999年左右，某天，Dorota和Tim 突然出現在我中大的
辦公室，推著一台娃娃車，可愛的小明秀乖睡在內，原來，
她們從西雅圖回台探親，返校訪問，也讓我跟她們的新生女
兒見面。當時在興奮感慨之餘，談起在國外她們將如何教育
下一代，Dorota 已經有一些想法，提到蒙特梭利的教法，
以及她希望能走的路。

　　本書陳述了Dorota及Tim 夫婦過去將近十年實踐他們想

法的心路歷程，他們為了讓自己子女能成為「多文明的國際化」小孩，選擇了「自學」這條路。這路在任何國家本來就不好走，在臺灣因為是新嘗試，尤其會碰到更多難題。書中從陳家四位成員的角度，各自表達各人在「自學」過程中嚐到的甜、酸、苦、辣，可讀性很高，對也想走「自學」這條路的家庭，提供許多可以借鏡的實例，也誠實的陳顯出走這條路所需的各種資源。同時，對臺灣推動多元入學的實施方案，也說出了他們的一些看法。在閱讀中，我印象最深刻的是Dorota 如何堅定自己以「自學」方式教育子女的信念，如何不辭辛勞的充實自己，如何偕同怡光利用最新的網路科技，為子女創造學習資源。這人格特質及軟實力，才是讓他們夫婦能成功地實踐他們理想最重要的因素。而來自多元化背景父母的身教，也將長遠的影響明秀、明哲的一生。

作者簡介：

　　劉兆漢，中央研究院數理科學組院士，美國國家工程學院院士、國際電機電子工程學會會士（IEEE Fellow）。曾任中央研究院副院長、中央大學校長。

〈改版序〉
改變

　　自2012年出版了《我家就是國際學校》後，我們家和自學環境都有許多改變。老大明秀參加第二屆依林璀璨之星選拔贏得總冠軍和女子組冠軍，繼續她追求她成為專業滑雪教練的理想。老二明哲開始學薩克斯風，並發展出對爵士樂風和音樂創作的興趣。老三明玲的加入讓我們的國際家庭更多元。

　　Dorota加入臺北市非學校型態實驗教育審議會擔任自學家長代表，了解到更多自學家長所面臨的問題。Tim受邀擔任教育部12年國民基本教育諮詢會委員，擔任國教署的實驗教育審議會委員，把自學推動到更大更廣的範圍。

　　在外部，總統在2014年11月19日公布立法院通過的《高級中等以下教育階段非學校型態實驗教育實施條例》，提高自學的法律位階，讓臺灣成為世界少數有自學專法保障家長教育選擇權的國家。

在這次的增修版中，我們增加了一個全新的附錄《完全自學手冊》，希望透過清楚的一問一答方式，讓更多家長和學生了解自學的申請方式和流程，一次就上手。

Dorota Chen-Wernik 魏多麗 × 陳怡光

〈自序〉
自己教出多文明的國際化小孩

　　我們家是一個多文明（multicivilizational）的國際自學家庭。多文明國際是因為我們家的成員有臺灣人、波蘭人和美國人，而且我們長住過歐美亞三大洲。自學是因為我們要建立孩子正確的價值觀和學習態度，勇於挑戰現況和不會人云亦云，積極擁抱未知當一輩子的好奇寶寶，所以我們選擇讓女兒和兒子都不到學校去接受制式的國民教育。

　　我先生Tim從小就不太能夠乖乖的在學校上學，光是幼稚園就轉了三所才畢業，國中畢業後考上國立高中，但報到那天去游泳，錯過了截止時間而失去入學資格，又不想補習一年後重考，就一個人跑去英國當小留學生，成為電影〈哈利波特〉（Harry Potter）拍攝Hogwarts School魔法學校場景的The King's School, Gloucester自英皇亨利八世在1541年創校以來第一位臺灣學生。Tim在蘇格蘭愛丁堡大學讀商業及電腦雙主修一年級的三月，臺灣發生了野百合學運，熱血青年的他一放暑假就趕回來臺灣參加運動，卻因為是役男不能再出境，Tim就考插大轉入國立中央大學英美語文學系二年級。

　　婚後，我們搬到美國西雅圖，Tim進入華盛頓大學商學

院讀MBA，那年是克林頓總統競選連任，我們倆冒著大雨去派克市場（Pike Place Market）參加他的造勢活動之後，Tim決定去修國際研究的雙碩士。基本上，他的求學過程如此的坎坷都屬於自作孽，誰教他不願意乖乖地循序漸進，按部就班地把「學程內」的書讀完。

我則剛好相反，從小學到高中每年都當選模範生，除了10歲時因父親去美國依利諾大學工作，全家在美國住了2年，和大三那年陪父親來臺灣國立中央大學擔任客座教授半年，以及隔年得到第一屆臺灣教育部和外交部中歐獎學金留學一年之外，一路上讀的都是波蘭的第一志願高中、大學和研究所。

這樣的結合，為什麼要選擇不讓孩子去上學，而要在家裡自己教呢？雖然我和Tim的學習經驗差距如此之大，但是同樣在學習道路上都有過不只一次的跨國和跨領域「換跑道」經驗。

我在去美國之前完全沒有接觸過英文，那時的波蘭教育還在共產黨政府的集權管制下，雖然課程內容的難度高但缺乏創意。我在10歲去到美國後，直接進入採混齡上課、學風

開放的依利諾大學附設的金恩小學（Martin Luther King Jr. Elementary School）就讀，不但能以英文學習無礙，一年後還修習了俄語和法語。

　　Tim在臺灣讀的是中文課本，去英國不到一年，就能在全英國普通中學會考（GCE Ordinary Level）中的數學科拿A。6年沒碰過中文課本的他只花了3個月時間準備插大考試，就可以進入國立大學，從原本在蘇格蘭愛丁堡大學主修商業和電腦轉到英文系。

　　乍看之下，現在Tim在倡議自學和我在家教小孩都是用非所學，但我們每天都在用曾經學習過的研究方法和溝通方式。我們深信孩子怎麼學比學什麼更重要，因為錯誤的學習態度影響的不只是一個科目學不好，而是一輩子沒有能力面對新的挑戰。在這個國際化的世界裡，知識是唾手可得的大宗物資，孩子需要的長期競爭力，不是在短時間內能答對幾題選擇題，而是在面對沒人提過的問題時能自己設法找出答案來。

　　過往的學習經驗讓我們在日後選擇自己在家裡教多文明的小孩是很重要的定心丸。從我們自己的求學經驗中，我們體會到教育制度的存在是要成就學習而非領導學習，誠如馬

克吐溫所言:「別讓學校影響到你的學習」。家長們應該停止焦慮孩子們的評量成績,因為選擇題測不出他們的潛能;老師們應該停止依賴紙筆測驗做為學習評量,因為考試並無法看出每個孩子的特質;大學應該停止用考試成績做為唯一的選才方式,讓上學和自學的孩子都有機會入學。其實不管家長用什麼方式教,孩子學什麼科目,只要認清教育的目的是培養孩子對學習的興趣和能力,而不是為了準備考試,不論是自學或上學都可以教出多文明的國際化小孩。

Dorota Chen-Wernik 魏多麗 × 陳怡光

第一篇

理念就這一個：擁有國際觀的孩子

從打算結婚開始，我們夫妻就一直擁有這樣的共識……

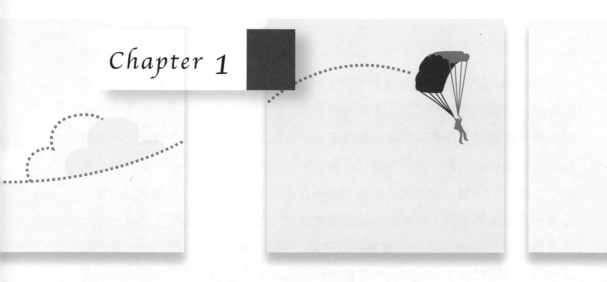

Chapter 1

☑ **住過三大洲的孩子**

　　我和Tim在1995年討論要結婚時，就針對未來要住在哪裡、孩子的教育問題等等，有過很深度的討論，當時，最主要的結論是：要尊重彼此的文化，也就是雙方母國的文化都要同等教給孩子，不要讓其中一方成為主導文化。那時候，我們設想婚後最好的狀況是住在客地，也就是非臺灣也不是波蘭的第三國家，如此一來，雙方的親朋好友數目都一樣多（零人），雙方的立足點一樣，沒有一方有主場優勢，吵架的時候，雙方勢均力敵都沒有啦啦隊。這樣一來，雙方感情比較能夠有持續平等發展的空間，所以Tim在1996年申請去美國讀碩士時，還特別挑了一個離我在美國東岸的朋友和他在加州的親戚都遠的西雅圖，原先一點都不覺得會有問題，不過通常事與願違。

　　有一天，我和Tim在信義路公車總站旁的路邊攤邊吃邊討論，像我們這樣的國際家庭的孩子未來該如何認同。我們也討論到未來要住哪裡？怎麼養大孩子？因為前一年（1994）適逢410教改，我在臺北的朋友和當英文家教的學生和他們的家長都對當時的教育現場非常不滿，從家教學生身上，我也看到臺灣教育教出來的孩子不但對學習沒有興趣，更是缺乏創意，因此我們決定不讓我們未來的子女接受當時臺灣的教育模式。

在美國西雅圖

　　1996年婚後，Tim也申請上了華盛頓大學，於是我們在美國西雅圖華盛頓

結婚後的第一個家，是和其他學生分租的一間老房子。

我們從波蘭和臺灣所帶到美國的書，其中有我愛看的臺灣現代短篇小說。

大學校園附近，和其他學生分租了一棟老房子，我們只租其中的兩房一廳，家具都是從路邊撿回來或自己去二手商店搬，連洗衣服都要拿到外面的自助洗衣店。當時Tim還在念碩士班，我剛從波蘭華沙大學遠東研究所拿到漢學碩士，在家將臺灣短篇小說翻譯成波蘭文來打發時間，並建立了網路上第一個臺灣文學英文翻譯書目的資料庫——「臺文」(Tai-wen)。

第一個寶寶

住在華盛頓州的October List新手媽媽們的聚會。

1997年懷孕之後，新手媽媽的我有許多問題卻不知道該找誰問，因為我的媽媽和有經驗的朋友都遠在波蘭，Skype要6年後才會出現。於是我透過網路，和140位來自全美各地及住在澳洲、紐西蘭、新加坡、愛爾蘭、挪威、

荷蘭、奧地利和捷克，預產期同樣是1997年10月的孕婦組成了「October 97」的論壇，認識世界上不同地區對懷孕、產檢、生產、教養的不同方式，之後我們當中的70多位還將自己的懷孕到生產故事用英文結集成書出版。

老大明秀在美國出生以後，我們決定依照婚前的討論實踐，也就是我跟她說波蘭語，Tim跟她說華語，因為外面大環境的關係，她自然而然會使用英語。

因為在西雅圖時，明秀還只是個小寶寶，所以我們主要都是讓她參加遊戲團體（playgroup）、以及像健寶園（Gymboree）等的音樂律動課程。跟我所了解的臺灣成長環境比較不同的是，不論颱風、下雨甚至下雪，我每天都會推著嬰兒車帶明秀到華盛頓大學的校園散步，看松鼠在草地上撿食松果，偶爾也會帶她去旁聽Tim的課。因為波蘭人相信，小孩子需要呼吸戶外的新鮮空氣和從小接觸不同的環境刺激，這對他們的成長有很大的幫助，長大之後才不會害怕接觸陌生人或新環境。

我自己也是在這樣的理念下長大的。我從出生到5歲都住在離華沙約50公里一

1歲的明秀在 Green Lake Park，背景的 Duck Island 是野鳥棲息的地方。

個名叫 Belsk 的小村莊，Belsk 地區是有名的蘋果產地，旁邊就是一大片森林。我的父母都是在當地的波蘭科學院地球科學研究所的觀測站上班，所以我從小就和保母在森林和蘋果果園中過日子，採野菇、藍莓、覆盆子和蘋果，天天都生活在大自然之中。

為了實踐婚前約定的目標，我們夫妻倆也很認真、很努力的找家裡有年紀相仿的小孩，同時是說華語或是波蘭語的家庭，然後相約讓孩子們一起玩。

幸運的是，1999 年初，透過華盛頓大學的電子布告欄網站（類似臺灣大學生的 PTT，臉書要到 6 年後才出現），一個美國家庭回應了 Tim 的徵「玩伴」啟事。他們的小孩比明秀大一點，而且這對父母在大學畢業後曾住在基隆當英文老師，兩人都會說點華語。他們希望他們的孩子將來也會說華語，所以我們一拍即合，每週都會找時間碰面，讓兩家的小孩一起玩，這算是一種「文化交換」吧。

遺憾的是，說波蘭語又有年紀相仿孩子的家庭卻很難找，所以我們在美國居留的期間，幾乎都沒有機會以波蘭語進行這樣的活動。不過我的波蘭朋友和親人經常

華盛頓大學校園的松鼠都很友善。

來西雅圖長住，因此明秀在幼兒時期就已經是華語、波蘭語和英語三種語言同時使用，也不會弄混。

也因為這時候明秀還小，所以除了前述的活動之外，睡前或是平常說故事時，我們使用的也是三種語言的繪本，讓明秀自己選擇她當時想聽的故事。她喜歡的有如英文書 Eric Carle 的《*Brown Bear, Brown Bear, What Do You See?*》（《棕色的熊，棕色的熊，你在看什麼？》）和 Margaret Wise Brown 的《*Goodnight Moon*》（《月亮晚安》）、波蘭文的《*Biblia dla maluchów*》（《幼兒聖經》）和童詩、中文書如方素珍譯寫的《毛毛蟲吃什麼呢？》和王金選的《小灰吃玉米》。至於繪本的來源，多半是靠我婆婆來美國探望我們時，順便帶一批中文繪本來；

我們一家有回波蘭探親時，也會帶一些波蘭的兒童讀本回美國。總之，明秀一出生就一直在中、波、英三種語言的環境下成長，每天睡前，Tim 還會念臺語的主禱文給她聽。

我從明秀很小就開始唸書給她聽。照片中，我正在唸波蘭文的聖經故事給她聽。

學齡前幼兒的多語學習

　　我們住在西雅圖時，曾經參與過華盛頓大學主持的一個幼兒多語學習的長期研究。華大的教授徵求和我們一樣是多語家庭的幼兒，透過長期追蹤看從小接觸多種語言的孩子在語言學習和發展上與單語的孩子有無差異。後來我們因為搬離西雅圖也就沒有繼續參與這個研究，但從明秀和明哲的成長，以及研究團隊和我們分享的經驗中得到以下觀察：

　　1. 多語的孩子有可能比單語的孩子晚開始說話，像明秀是2歲半、明哲快3歲才開始說話，但他們會的每種語言的發展到了學齡時都不輸給單語的孩子。

　　2. 由於明秀和明哲開始說話比單語的孩子晚，我們教他們會使用幼兒手語（Baby Signs），來幫助他們和我們溝通他們想表達的意思。

　　3. 多語的孩子在一個句子中會使用不同的語言，也就是語言學家所謂的「語言轉換」（code-switching）。在1940年代，學者認為這是一種語言學習失敗的症狀，但在1980年代以後，學界認為這是多語環境的自然現象，不影響他們對於語言的「正確」使用。

27

英國生活大不同

　　1999年秋天，因為Tim的工作，我們從原本居住的城市西雅圖搬到英國劍橋小鎮。在西雅圖時，我們一直住在校園旁邊，鄰居都是大學生、研究生或單身上班族，需要開車到5公里外的公園才有機會看到親子活動。劍橋雖然也是大學城，但我們選擇在離劍橋市中心4公里的社區租了一棟有院子的小房子，隔壁住了一個印度裔家庭，有個比明秀大3歲的女兒。

　　在劍橋，不論是學生、教授或上班族都是騎腳踏車通勤，Tim也不例外。我和明秀在下午經常到社區附近公園的遊戲場逗留，附近不同種族的小孩也會一起來玩。

明秀上幼稚園了

　　那時，明秀剛滿2歲，因為以前住在西雅圖時，從朋友的妻子那邊了解到蒙特梭利的教育理念，感覺蒙特

我和明秀在Colourbox幼稚園的最後一天。

梭利的教育理念——跟隨孩子的興趣發展，跟我們夫妻倆的想法很接近，但是在我們住所附近並沒有蒙特梭利幼稚園，因此經過輾轉打聽詢問，找到離劍橋30公里遠的Newmarket鎮上一所名叫Colourbox蒙特梭利幼稚園。

由於我在英國並沒有工作，對幼兒教育也很有興趣，所以就報名在倫敦的Montessori Centre International（MCI）開始進修蒙特梭利的學前（Early Childhood，2.5～6歲）課程，並利用2年時間順利取得證照。

進修期間，我每週一要開50公里的車到Suffolk郡的Bury St. Edmunds市的Cherry Trees Montessori School上一整天的課，上課當天，明秀就得寄讀在這個學校附設的幼稚園。當時我都是趁晚上明秀睡著之後，以及週末Tim可

以幫忙照顧明秀的時間讀書，此外，就是每週二到週四上午，明秀會去Colourbox上半天課，我就利用那段時間到圖書館準備自己的功課。

這樣的安排持續了約7個月，直到我的蒙特梭利老師推薦我去Colourbox實習，以便完成420小時的實習教學，於是我就不能再利用明秀上課時間去圖書館。雖然實習時沒有和明秀同班，但我們母女倆都算是Colourbox幼稚園的

明秀在 Colourbox 幼稚園過生日，手裡拿著地球儀繞著太陽轉4圈，代表從她出生以來已經過了4年。

學生。

　　我取得證照之後，繼續在Colourbox幼稚園任教，這時明秀已經升到我任教的班上。對明秀而言，我既是媽媽，也是老師。在幼稚園裡，我依然堅持對她用波蘭語講話，並要求她以波蘭語回答。其他孩子剛開始也覺得很奇怪，為什麼老師要對明秀講一些他們聽不懂的話？久而久之也見怪不怪，而且其他老師對於我堅持用波蘭語和明秀對話也沒有任何意見。因此，明秀跟我不論是在家裡或是在幼稚園，都是用波蘭語溝通，但是明秀在跟其他老師或同學溝通時，用的都是帶有英格蘭東部Suffolk郡腔的英語。

持續文化交換

　　在英國生活那一段期間，我們夫妻倆還是很認真的執行Tim對明秀說華語和臺語、我對明秀說波蘭語的方式。我們也很想找到跟以前在美國一樣的文化交換家庭，不過老實說，真的不太容易。

　　那時候我們常帶明秀去參加各種活動，比如臺灣留學生的聚會、臺灣同鄉會、波僑協會和波蘭語的天主教彌撒等。每週五上午，我和明秀會去教堂參加遊戲團體，有趣的是，團體裡的外國人比英國人還多，其中有一位法國來的媽媽，我們到現在還保持聯絡。臺灣留學生們除了逢年過節會聚餐之外，攜家帶眷的研究生也會利用週末互相邀約，讓孩子們玩在一起。

在英國劍橋的遊戲場第一
次碰到來自臺灣的玩伴。

　　當我們帶著孩子去參加這些大人活動時，容易引起其他有小孩的父母注意，就會相約一起讓孩子說華語或波蘭語、一起玩。我們也很瘋狂，在公園碰到同樣帶小孩的家庭，就會注意聽他們在說什麼話，如果是說華語或波蘭語，就衝過去自我介紹，想要說服他們跟我們一起玩。

　　困難的是，要如何說服別人接受這樣的理念，幸運的是，我們真的就用這種方式在遊戲場認識了一個來自臺灣的博士後留學生家庭，而且一直到現在都還是好朋友。我們也在教堂認識了另一個波僑家庭，每週一次放學後去他們家，讓明秀和他們的兩個兒子（一個比明秀大6個月，另一個比明秀小1歲）一起玩遊戲、講波蘭語。

　　此外，文化不是只有語言，還有很多節日慶典，也是文化的一部分。比如波蘭人除了重視聖誕節，更重視復活節，所以明秀和明哲從很小開始就跟著我們一起準備迎接復活節的來臨。

　　在劍橋時，因為聖誕節和復活節也是英國人的重要節日，所以我們那時也會跟著一起參加相關的慶祝活動。英國公司在聖誕節前夕會舉行類似臺灣的尾牙聚餐，已婚或有固定對象者一定攜伴出席，女士們必須穿著正式的晚禮服，男士著正式的黑色晚宴西裝、打上領結，和臺灣的尾牙一樣，這一天老闆和員工之間也是沒大沒小。

　　復活節時，我的父母會從波蘭過來，再加上教堂有波蘭語彌撒，所以我們都是依照波蘭的習俗在過節。

Tim也很努力，比如他會搖珍珠奶茶給大家喝，因為那是臺灣的特色食品。過年時要吃餃子，但在劍橋的商店買不到，所以我們家是連餃子皮都要自己擀的。由此可知，想要讓孩子在異地了解自己的文化，真的必須非常努力才行。

 ## 國際化不代表忘本 by Tim

在英國工作時，我有個來自臺灣的博士班學長，他也有個小孩，進了當地學校念書。結果老師一直跟他強調，孩子說英語有口音、腔調有問題等等，讓他很擔心，所以連在家裡都不說中文了。現在，他很遺憾，他的小孩不會說中文，也不會用筷子，對臺灣也沒有什麼認知，可能比我認識的英國朋友還不了解臺灣。這樣的情況應該不是所謂希望自己的孩子能有國際觀的父母所樂見的吧。

回臺灣之後

2002 年初，因為 Tim 工作的關係，我們搬回臺灣，也因為 Tim 的家人住在臺北，所以我們一開始先住在臺北。

因為我在臺灣沒有工作，所以生活重心就在明秀身上，當時為了尋找一家適合她的幼稚園，花費了許多時間和精神。Tim 那時候每天忙著上班和出國出差，還得請假或下班後一起去了解。

很奇怪的是，臺灣的幼稚園都要上全天！對我來說，因為我沒有工作，如果明秀整天在學校的話，我要做什麼呢？而且，幼稚園並不會教導她波蘭語或是跟波蘭文化相關的內容，因此就在這樣簡單的理由下，明秀沒有去讀幼稚園，而由我在家以蒙特梭利的教材和教法全職教育女兒。

平時，我們也持續文化交換的生活，透過波蘭駐臺代表夫人介紹，我很快就認識其他在臺北的波蘭籍太太。她們之中有些孩子和明秀年齡差不多，而且其中有三位也和我一樣剛懷孕，所以我們可以分享許多教養子女和懷孕的經驗。

雖然那年暑假對頂著大肚子的我來說實在非常熱，但我還是帶著明秀到處參加音樂和美術才藝班及直排輪的課程，希望讓她有與同儕互動的機會，並能接觸到不同領域的課程內容。

我們家裡沒有電視，因為我們不希望孩子在無意識下，被電視餵食各種

資訊，我和Tim討論過，在孩子還不到可以分辨的年紀時，不該讓他們頻繁接觸，更何況有些卡通根本不適合兒童觀賞。此外，蒙特梭利女士認為，幼兒無法區別真實和虛幻，因此不應該讓他們太早接觸非現實人物的故事，例如仙女或超人等；即使是由大人讀給孩子聽，也應該確定孩子了解這些故事的人物是虛幻而非真實，以免混淆他們的現實感。因為不讓孩子看電視，平時我會持續讀英語繪本給明秀聽，還會讓她玩JumpStart等英語或波蘭語的學習遊戲軟體。

　　我們在臺灣也會和其他波蘭家庭一起慶祝復活節，還請輔仁大學的波蘭籍神父來幫我們以波蘭語進行祝福。每年聖誕節前，我們會和數百名遍居臺灣各地的波蘭人，包括神父和駐臺代表一起到輔仁大學去參加聖誕節彌撒，所有出席者也會帶一道波蘭菜來和大家一起分享。

明秀從小開始使用電腦，還有嬰幼兒專用的軌跡球。

來臺灣前，我在海外住過5年，充分了解在異鄉和波蘭同胞們保持聯繫的重要性。到臺灣後，我向波蘭代表處詢問如何聯絡住在臺北地區的波蘭家庭，剛好波蘭代表夫人認識幾個波蘭人家庭，就提供我他們的電話號碼。我第一個聯絡的波蘭太太是嫁給美國人，他們住在臺北市陽明山上，另外還有一個住在臺北市天母的波蘭人家庭，先生是波蘭企業在臺灣公司的經理，剛好這兩個家庭都各有兩個孩子，而這兩位波蘭太太們也認識其他波蘭人或臺灣波蘭人組成的家庭，於是我很快就認識了另外5位嫁來臺灣的波蘭太太們，而當中有兩位太太家裡有幼兒，於是「波蘭太太俱樂部」就開始非正式成立。

　　幾年下來，我們當中有些人已經離開臺灣，但更多新的家庭加入，還有些離開臺灣幾年之後又回來的。有些人只來過一次，也有些人從不缺席，大多數的波蘭太太們都有一兩個甚至三個小孩。波蘭太太俱樂部不是一個正式的組織，成員的先生或伴侶不只有臺灣人，還有波蘭人、英國人、美國人或加拿大人，雖然我們的年齡和背景都不同，也來自波蘭不同地區，分別在世界各地認識我們的先生，但有一件

五位波蘭媽咪和她們的寶貝。

事緊緊地把我們繫在一起，那就是我們都住在同一個異國文化裡，而且都遠離家鄉的親朋好友。

　　我們當中有些人非常不適應到臺灣後的生活，於是彼此間就像一個支持團體相互鼓勵。除了不定期中午聚餐聯誼之外，我們還會一起去度假，甚至在暑假回波蘭時，也會安排聚會碰面。我們彼此間已經成為要好的朋友，我們的孩子也是一樣。

　　波蘭人在臺灣的人數逐年增長，包括波蘭學生、波蘭家庭和波蘭專業人士，來臺灣的時間從幾個月、幾年到一輩子都有。現在也有一些波蘭人娶了臺灣女性後長住在臺灣，於是有越來越多的波蘭籍和臺灣－波蘭雙國籍的兒童在臺灣出生，或許在不久的將來，波蘭語有機會成為臺灣學校的選修外語之一。

住臺灣的波蘭小孩。

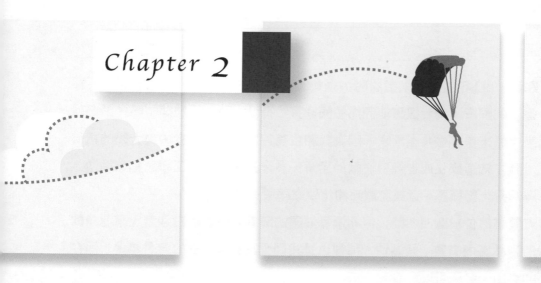

☑ 我的故鄉波蘭

在我1993年第一次來臺灣時，臺灣人對波蘭的了解是那個「有風車、種鬱金香」的國家。當我提醒他們那個國家是「荷蘭」不是「波蘭」時，他們就想起來：原來是那個共產國家。因為我和我爸爸當時住在國立中央大學的招待所裡，我才知道學生或老師對波蘭的了解，多半是聽過團結工聯領袖華勒沙、電影導演奇士勞斯基、音樂家蕭邦和化學家居里夫人。

波蘭雖然位於歐洲內陸，但北邊靠波羅的海有著美麗的白沙灘，東北角的茂密的森林區內有數千個湖泊，那裡也是我們全家最喜歡去的避暑勝地，而在南部的高山，冬天可以滑雪。

波羅的海的海灘很白、很軟，玩球真好玩。

波蘭的土地面積比臺灣大10倍，但人口不到臺灣的兩倍，許多地方仍然保有傳統的鄉村景色，每次我們回波蘭開車旅遊時，Tim和孩子最喜歡做的事就是數著一路上看到幾頭牛和幾匹馬。

　　波蘭在2004年5月成為歐盟會員國後，來自臺灣的留學生數目也大增，光是2015年一年中就有612位臺灣學生在波蘭留學，是英、法、德國以外留學人數第一多的歐盟國家，而在臺灣的波蘭留學生人數也從1992年的1位成長到2015年的149位，這20多年來，已經有超過數千名波蘭人曾經在臺灣留學。波蘭在2007年12月加入申根公約，臺灣人從2011年1月開始，去波蘭玩也不需要簽證了，現在越來越多的臺灣人想學波蘭語，在政大、文化大學和臺大也都有開波蘭語的課程。

明秀在華沙參加外公外婆的教堂所舉行的基督聖體聖血節 Boże Ciało 遊行。

波蘭生活

　　在海外再怎麼努力，還是比不上親身經歷，因此我們會盡可能每年挑不同的時間回波蘭，讓孩子感受不一樣的季節和氣氛；我們總是盡量挑在有重要節慶時回去，讓孩子親身體驗那種氛圍，這樣孩子對文化和歷史的認同才會深。像是波蘭的掃墓節（Wszystkich Świętych）是在每年的11月1日，這天要在墓碑上獻上鮮花和點上蠟燭，把整個墓園妝點成一片「燭海」，到了夜晚會吸引許多人去「逛墓園」，即使非親非故，很多人也會在已過世的名人和兩次世界大戰為了保衛波蘭而犧牲的軍人墓碑上點上蠟燭。還有11月11日的波蘭國慶日閱兵遊行，會看到騎著馬穿著19世紀軍服的波蘭騎兵、第一次世界大戰時的戰車和第二次世界大戰時的摩托車隊。

我們回波蘭時，去參觀波蘭早期（紀元前8世紀）的聚落 Biskupin。

波蘭家鄉軍在二戰華沙起義時自製的裝甲運
兵車。

波蘭騎兵團著一戰時期的軍服遊行。

波蘭掃墓節前後，墓碑前總是放滿了蠟燭和鮮花。

　　我在波蘭有很多朋友，他們幾乎都有2個到4個小孩，所以每次我們一家去波蘭，明秀和明哲就跟我朋友的孩子們一起玩，幾次下來，他們現在都成了好朋友。

回波蘭掃墓時，會佈置祖母家族的墓碑。

我的波蘭朋友 by 明哲

　　我最喜歡的波蘭朋友是和我姊姊同名的Zosia，她和我同年，住在我外公外婆家附近。每次我去波蘭時，Zosia的媽媽都會送我最喜歡的樂高積木（Lego）給我，Zosia會借我騎她的腳踏車、讓我玩她的Playstation，並且讓我跟她一起照顧她的天竺鼠。有一次我還和她一起去上學，向她的同學和老師介紹臺灣。回臺灣後，我會寫卡片給她。

　　我還有另外兩個好朋友，Ania和 Zuzia姊妹，Ania和我姐姐明秀同年，Zuzia比我大1歲，她們倆是我媽媽好朋友的女兒。他們家不到20坪，卻養了兩條拉不拉多大狗、一隻大兔子、兩隻天竺鼠、兩隻飛蜥和一條蟒蛇。有一年暑假，我和我姐姐、媽媽和外婆跟她們全家一起到波羅的海海邊度假，她們全家在2010年時，也來過臺灣和我們家一起過農曆年，我們每一兩週還會透過Skype聊天。

明哲和比他大兩個月的最好朋友Zosia。

明哲和他兩個好朋友，Zosia和Zuzia。

波蘭的復活節 by 明秀

　　由於大部分的波蘭人是天主教徒，所以復活節和聖誕節是波蘭最重要的節日。在波蘭慶祝復活節長達40多天，從Środa Popielcowa，也就是復活節的前40天開始。這一天，信徒會去教堂，由神父用前一年復活節的棕櫚樹灰，在信徒的額頭上畫上十字。從這天開始的40天是齋戒期，通常小朋友就不吃糖，老菸槍就戒菸，平常愛喝兩杯的就戒酒，也有人選擇不吃肉。

　　為紀念耶穌基督在受難前一週進入耶路撒冷時，百姓將棕櫚葉鋪在路上歡迎他，復活節日的前一個星期日是Niedziela Palmowa，又稱為棕櫚日。由於波蘭不產棕櫚樹，所以波蘭人就把乾草染色後綁成一束象徵棕櫚葉，在棕櫚日那天帶到教堂去給神父祝福。

　　復活節日前的星期五在波蘭稱為Wielki Piątek（大星期五），教堂裡會擺設耶穌墓穴的模型供信徒敬拜，在家裡我們會全家總動員一起動手做彩蛋。我們會用不同的方法來準備，例如用蠟筆彩繪或是貼紙來裝飾，或用食用色素染色，也可以和洋蔥皮一起煮讓蛋殼變成棕色後，再用刀片刮花紋。

　　此外，我很喜歡做wydmuszki一吹蛋，作法是用針在生雞蛋的兩頭各戳一個小洞後，用力把蛋白和蛋黃吹出來，然後就可以彩繪空的蛋殼。但做的時候需要很小心，因為蛋殼很容易就會弄破。

　　除了彩蛋之外，另一個有復活節特色的食物是mazurki蛋糕。我媽媽會準備像是牛奶糖、巧克力、可可和橘子等多種口味，而我負責裝飾這些蛋糕。

　　星期六是 Wielka Sobota（大星期六），在波蘭，因為媽媽們忙著準備復活節早餐的食物，通常會派爸爸或小孩帶著一個編織的籃子，裡面放彩蛋、麵包、香腸、鹽巴和蛋糕等食物，上面蓋著白布，拿去教堂接受神父的祝福。

星期日是耶穌受難後復活的日子，在波蘭我們會起個大早六點就去望彌撒，結束後就一家人在祖父母家團圓一起吃早餐，邊吃邊聊天到下午。

　　星期一是Lany Poniedziałek的潑水節，傳統是未婚男性對想追求的未婚女性潑水，所以最濕的人就是最有人氣的，現在已經是大家互相亂潑一通，即使當天下雪也照潑不誤。

明秀在繪製復活節的彩蛋。

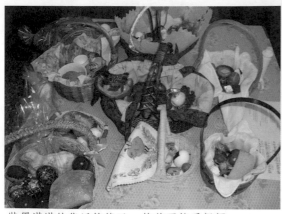

裝得滿滿的復活節籃子，等著要接受祝福。

明秀正在裝飾復活節的mazurki蛋糕。

波蘭飲食

　　我們去波蘭時，生活起居就和當地人一樣，吃同樣的食物。波蘭人的主食是麵包和馬鈴薯，通常每天早餐（śniadanie）吃麵包配起司和火腿，上午10點多會吃點三明治、優酪乳和起司之類的小點心。傳統上，午餐是下午2點吃，是一天中最豐盛的一餐，像公家機關、學校和工廠，一般都有員工餐廳以低廉的價錢供應午餐，菜色多半是如豬排配馬鈴薯和沙拉等，晚餐則是晚上8、9點才吃，菜色類似早餐外加沙拉。但在工商發達的都會區，飲食的時間則類似臺灣，中午12點吃如三明治等簡單的午餐。

　　孩子們特別喜歡吃波蘭的馬鈴薯煎餅（placki ziemniaczane）、甜水餃（pierogi）、薄餅（naleśniki）、優酪乳（jogurt）和軟起司（serek）。馬鈴薯煎餅可以配燉牛肉（gulasz）吃鹹的，或只是配砂糖和酸奶油吃甜的。波蘭的甜水餃裡面包的餡多半是藍莓或白起司，沾砂糖和酸奶油吃。薄餅有鹹有甜，

我在波蘭最愛吃的是包白起司的甜水餃。

Tim很喜歡吃的馬鈴薯餅加上野菇醬汁，這種醬汁是波蘭很獨特的味道。

在波蘭幼稚園裡，孩子們乖乖的等著吃午餐。

☁ 外籍爸爸的秋天 by Tim

2007年秋天，我們和往年一樣去波蘭探親。這年比較特別的是，為了創造一個讓明哲有機會練習波蘭語的環境，我們在Dorota爸媽家附近找了一家沒有才藝班的幼稚園，明哲就是去和同學吃喝玩樂，有時候由我負責接送。

一般接送並不困難，到了幼稚園和老師打聲招呼，幫孩子換好輕便的衣服後（因為天冷，出門要穿的衣服一堆），我就可以回家了。接孩子的時候也一樣，打完招呼之後，換上外出的衣服和鞋子，孩子就跟著爸爸一起回家。

但是偶爾需要和老師溝通時就很困難，例如有一次下課時看到明哲手上有個傷口，貼了個膠布，我指著膠布問老師，老師回答了一堆，我只能推測好像沒有太大的問題，但究竟怎麼發生的，卻完全聽不懂。

另一天上課時，我需要告訴老師當天我們要提早去接明哲，我講完了之後，也不確定老師聽懂了沒有。必要時，還得靠明哲幫爸爸翻譯，可我又對明哲的翻譯沒有把握，實在是很鬱卒。

我突然覺得，在臺灣當外籍爸媽實在很不容易，因為臺灣的學校環境比波蘭的幼稚園複雜許多。在臺灣，除了必須知道孩子的功課狀況，還要了解孩子在學校與其他同學的互動，老師上課對孩子的態度，必要時還得和其他家長互動。對於不會華語的外籍媽媽，要做到了解全方位狀況，真是談何容易？我們的學校是否有相對的機制來協助這些家庭呢？2003年的統計，臺灣每3對新婚中就有1對是不同國籍的，據教育部統計，2014年國中小學階段的新移民人數達21.1萬人，孩子的受教權不應該在父或母無法參與之下矇混過去，教育主管機關和學校應該積極提升國際化的程度，有責任來排除這些語言溝通的障礙。

鹹的有捲野菇、雞肉或起司，甜的裡面有捲藍莓、覆盆子、白起司、巧克力、草莓等，外面淋上鮮奶油。波蘭的優酪乳口味很豐富，除了添加各種水果之外，還有卡布奇諾、提拉米蘇等特別風味，從軟到可以直接喝的到硬得像豆腐般需要用切的，一應俱全。

波蘭幼稚園的晨間分享時間。

波蘭教育改革

　　順帶一提，波蘭從2009年開始推行國教向下延伸2年，以前波蘭小孩都是7歲才去上小學一年級，現在政府想把強迫入學提早到5歲開始上幼稚園和6歲開始上小學，但是這個政策引起許多人反對與抗爭，因此波蘭政府決定讓家長自行決定是否要讓其子女在5歲上幼稚園和6歲上小學。

　　反對提早強迫入學的人的看法是，那麼小的孩子應該花更多時間在遊戲玩耍，或是在戶外跑來跑去，不應該坐在教室內寫東西，聽老師在前面教課，應該要比較自然地讓孩子更有空間、可以自由動來動去。

　　波蘭政府當初規劃這個政策的想法，是因為城鄉的教育資源落差很大，官員們認為孩子愈早開始上學就可以減少教育程度的差異。在鄉下地

波蘭幼稚園的孩子們經常到戶外活動。

方多數沒有幼稚園,所以住鄉下的6歲小孩可能跟著爸爸媽媽去種植農作物,或是爺爺、奶奶陪伴他們,不會學習到些什麼東西。城市小孩則大多數會上幼稚園,所以都市小孩在6歲時已經開始跟其他小朋友互動,並學習一些知識。因此波蘭政府認為應該要向下延伸國民教育,5歲開始上學。

　　不過我的朋友當中沒有一個人覺得這個決定是好的。他們都認為7歲以下的孩子還是應該待在幼稚園,不應該坐著練習寫字、學數學。孩子們或許可以

第二次世界大戰後重建的華沙古城。

學些最簡單的知識，例如數數1到10，但不需要跟小學生一樣，整天坐在書桌前面反覆練習。這些小小孩需要的是更多的手動操作和戶外活動，應該每天去散步、運動、去遊樂場玩耍、爬來爬去，就是不應該整天待在教室內坐著。

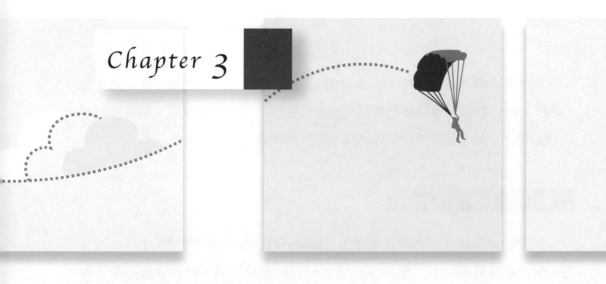

☑ 幼稚園生活

　　明秀在2歲時開始在Newmarket鎮上Colourbox蒙特梭利幼稚園。等到她3歲時，我也在拿到蒙特梭利教師證照後，在同一所幼稚園任教，明秀剛好也在我的班上，所以我同時扮演著媽媽和老師的角色。

英國幼稚園生活

　　英國的幼稚園生活大致是這樣的：學校分成上午和下午2班，上午的孩子在8點之後會陸續到校，雖然沒有規定一致的到校時間，但大多數的孩子在9點半之前會到。在多數孩子到學校後，師生會先一起進行團體分享（circle time），介紹新的日常生活教育教材，討論當天的天氣及讓孩子分享他們想和大家分享的任何事情。孩子可能會報告家中寵物發生的大小事，或是他在上學或前1天放學的路上觀察到的新鮮事。然後每個孩子可以自由選擇自己想做的「工作」（work，在蒙特梭利中指的是動手操做），例如倒水、穿線、地理拼圖等。

　　蒙特梭利教師在課堂上最重要的工作不是拚命教學趕進度，而是觀察孩子們的學習狀況。在一天當中，以不打斷孩子的工作為前提，帶領1到2位學生介紹新的教材和課程。在任何時間，只要孩子想吃東西，都可以到點心室去取用點心和飲料。

　　午餐大約是12點鐘開始，孩子們可以從家裡帶餐盒來或由學校提供營養午餐，由於Colourbox幼稚園是設在一所公立中學的校園內，所以學校供應的

Colourbox 幼稚園的孩子們正在練習寫英文字母。

在 Colourbox，每個孩子都可以選自己想要做的工作。

天氣好時，Colourbox 的孩子們就會去外面吃午餐。

午餐菜色和中學學生吃的完全相同,只是用餐的地點還是在幼稚園內。

我通常會幫明秀準備「便當」或三明治做為午餐。明秀的便當盒是從臺灣帶去英國的,每次當她打開便當時,班上的同學都會圍過來看,好奇她又帶了什麼特別的食物,像是白飯、海帶、肉鬆、豆腐和芒果乾等。

吃完飯後,想休息的孩子會有獨立的空間睡午覺,其他孩子不論是大太陽、颱風或下雨,統統要在戶外活動,直到下午兩點多家長來接為止。下午班的孩子在家吃完午飯後就會來學校,先是和上午班的孩子一起在戶外遊戲,然後全校一起進教室進行下午的團體分享,並進行自己的工作到約五、六點。

親師溝通

大多數的孩子不但只上半天,而且還不是天天上學。以我和明秀為例,我們一週只到校4天,上午9點到下午2點,所以我跟明秀還是有很多「課外」

Tim到Colourbox為明秀班上的同學講解明秀的成長過程。

時間做我們想做的事。因為我不是全職老師，所以我每週可以根據明秀的學習狀況和學校的需求決定當週在學校待幾個小時。

在 Colourbox，老師和家長每天會利用接送孩子時互相交換孩子在家的生活情形與在學校的學習狀況，親師之間的關係非常密切，好像朋友一樣，一起把孩子帶大。萬一家長在下課時來不及接小孩，老師會把孩子帶回自己的家裡，甚至和老師的家人一起吃晚餐；家長也經常會邀請老師去參加孩子們的生日派對。

每位老師每天都必須在電腦上記錄每個孩子的學習進度，因為一個孩子可能和多位老師進行不同學習課程，如此一來，每位老師不只知道自己教的部分，也可以即時知道其他老師在教什麼，以及孩子在其他領域的學習狀況。

除了每天接送時和家長交換意見，幼稚園老師們每個月還會把電腦裡的學習記錄印出來給家長看，如果家長有什麼想法，也可以根據學習記錄來跟老師溝通。

穿上工作服，我們一起來鬆土種植物。

蒙特梭利教育特色

　　蒙特梭利教育的特色之一，是要讓孩子們了解在世界上有和自己不同的文化（culture）。因此在Colourbox幼稚園有七個大教具箱，每個箱子裡放著來自七大洲的物件，其中包括不同民族的服飾、樂器、音樂和兒歌的光碟和動物模型等。當教師需要介紹某一洲，例如非洲時，就可以透過箱子內的物件，讓

孩子們容易感受到原來非洲樂器所發出的聲音聽起來是這樣，非洲人的服飾是那樣子，雖然非洲人說的話我聽不懂，但是大概是這樣的腔調等。

　　並非每一所蒙特梭利幼稚園都有辦法收集到「七大洲物件箱」，但他們一定會有「七大洲資料夾」，裡面會收集來自世界七大洲的生活照片，讓孩子能夠看到不同地方的人過著不同的生活方式，例如日本家庭，吃和住都是在榻榻米的地板上等。

　　Colourbox雖然是在一個小鎮上，但學生和老師的組成卻非常國際

在Colourbox，孩子們用七大洲物件箱學習地理和其他國家的文化。

化，除了英國人以外，還有來自波蘭和辛巴威的老師，以及來自臺灣、美國、義大利、俄羅斯、澳洲和辛巴威的學生，因此我們在進行不同文化的呈現時，有豐富的第一手資料和當地人的現身說法。即使是英國人的家庭，老師們也會請家長在出國旅遊時幫我們帶回來具有當地特色的物件。

　　蒙特梭利還有另一種理念，我也很欣賞，那就是：從世界（大我）看個人（小我）。比如說，蒙特梭利的教材中有世界地圖的拼圖，但是教孩子時，讓孩子先看世界整體，接下來是看有哪些國家、自己的國家在哪裡？接下來才是我們居住的城市，接著是住家附近的環境。由這兩種理念培養出來的孩子，基本上比較會有世界觀，因為他們從小就認識跟自己不同的文化。但是一般的教育在教導孩子的時候，卻是先從自己居住附近的環境開始認識，然後才是所在的城市，接著是國家、鄰近的國家，最後才是世界。

在劍橋臺灣留學生家和其他來自臺灣的小孩聚餐。

我所了解的臺灣幼稚園

2002 年，因為 Tim 工作的關係，我們搬回臺灣，那時候明秀 4 歲。當時，我們找了幾家幼稚園，想讓明秀繼續就讀，可是，很奇怪的是，臺灣的幼稚園都是要讀全天的！

匪夷所思的狀況

我觀察到，臺灣幼稚園幾乎整天都把孩子關在室內，全班甚至全校共用一個固定的作息時間表。為了方便班級管理，幼稚園安排了一大堆課程，學生和老師們一起照表操課，孩子們完全沒有自己的進度可言，經常作業做到一半，不是被迫放棄就是由老師協助完成，以致養成孩子們遇到挫折就半途而廢或靠大人收拾殘局的習慣。即使幼稚園附近就是公園，或是校園裡有戶外遊戲場，為了避免家長不必要的擔心，孩子進到教室後能不出門就不出門，造成幼稚園的小朋友不是過動地在教室裡面瘋狂奔跑，就是呆呆地坐著等老師的指令。

此外，我也注意到幼稚園內有許多戴著口罩，病懨懨，不斷咳嗽、流鼻涕、打噴嚏的孩子。在英國，如果孩子傳染了流行性感冒，一定是在家裡自我隔離。若家長沒發現而把孩子送到學校，學校在發現後一定會要求家長馬上把孩子帶回家，絕不容許生病的孩子把病毒傳染給同學。我周遭的臺灣朋友也經

常抱怨，孩子只要一開學就生病，嚴重影響孩子的學習狀況，即使醫好了一種流行性感冒，另一種病毒也馬上開始傳染。

最初，我在臺灣找的都是蒙特梭利的幼稚園，因為我想繼續類似在英國的安排，在臺灣的蒙特梭利幼稚園當老師，同時明秀可以在那裡上課。一開始，幼稚園對我想去擔任老師，同時把孩子送去讀的想法非常歡迎，因為他們可以雇用我一人而同時身兼蒙特梭利老師和英文老師。但後來學校發現我們不想天天上學，即使到校的也不打算整天待著，他們普遍認為這根本就行不通。

我們參觀了不少掛有「蒙特梭利」名字的幼稚園，發現大部分並沒有在從事「蒙特梭利」教育，只要課程內容有英語課就稱為「蒙特梭利」。這些號稱「蒙特梭利」幼稚園，老師不但沒有受過蒙特梭利教育訓練，更沒有相關的證照，甚至連蒙特梭利的教具也乏善可陳。少數有蒙特梭利教具的幼稚園，因為老師沒有正確示範如何操作，孩子甚至拿生活教具來扮家家酒，把感官教具當成積木疊。

10多年後的今天，根據我的了解，蒙特梭利教育在臺灣的發展有顯著的進步，現在老師們多半都受過專業的訓練，教室環境和教具操作都和國外的蒙特梭利幼稚園不相上下，也有小學和中學階段的蒙特梭利自學團體，唯一美中不足的，是學校的戶外空間和讓孩子待在戶外的時間還是有待加強。

明秀的水體撕紙海報

在家蒙特梭利

　　因為臺灣的幼稚園都是上全天課，但因為我沒有工作，加上考量到幼稚園並不會教導她波蘭文或是相關文化的內容，於是我們選擇了不讓明秀去就讀幼稚園，而是由我在家以蒙特梭利的教材教法全職教育她。

　　在蒙特梭利教育中，教材和教具多半是由老師自己動手準備，所以我為明秀製作了一系列的教具，因為準備耗時，為了物盡其用，後來老二明哲和老三明玲也就沿用這套教具。後來我在臺灣也找到一些蒙特梭利教具，所以我只需要再自製部分我認為不足的，像是增加波蘭文和英文部分就可以了。

客製版蒙特梭利教材

　　在蒙特梭利的教育中，2歲半到3歲的孩子就可以開始學習動植物部位的正確名稱，即使他們還不會看字，但已經可以認得圖，鳥、狗、馬、魚、蝸牛、樹、花。譬如蒙特梭利教具之一的「三段卡」（three-part cards）就是透過給孩子看三張卡片，第一張用顏色標示出動植物部位的圖案和部位名稱的文字，第二張只有圖案、第三張只有文字。孩子可以自己根據圖案找出部位的名稱叫什麼。在孩子還小不會識字前，我會幫他們讀出部位名稱，在他們識字之後，就可以自己完成配對。

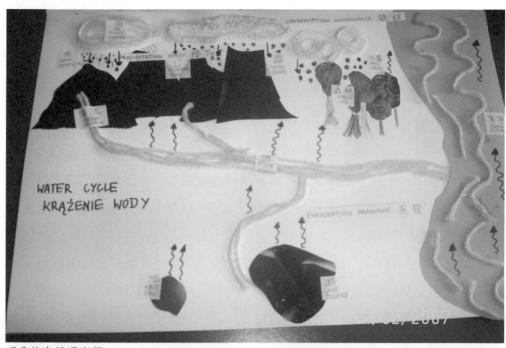

明秀的水循環海報。

用拼圖學習不同動物居住的地方。

明秀在用三段卡教明哲認識樹的各部位名稱。

　　我在臺灣先買了一套中文的「三段卡」，又自己做了部位名稱的英文和波蘭文字卡，讓單語教材變成多語教材；還有些波蘭特有的動植物在臺灣沒有，比如波蘭野牛，我就會從雜誌剪下照片或用圖案貼紙，做成圖卡，搭配波蘭文和英文的字卡當成教材，讓明秀和明哲看圖辨物，找圖案，從2個小孩2歲半就開始做這樣的引導。

　　除了特製的教具外，我也會用玩具當教具來教孩子生物、地理及環境。若是要讓孩子了解動物的棲息地，我就會在地板上鋪著一張很大的世界地圖，讓他們看那些動物住在哪裡，並用動物模型玩具，教他們放在世界地圖上正確的地方。所以孩子們一點也不會覺得生物課或地理課很無聊，反而能夠輕鬆的學習到我想教的內容。

第二篇

千挑萬選之後

經過審慎評估、不斷討論之後，我們夫妻終於下定決定……

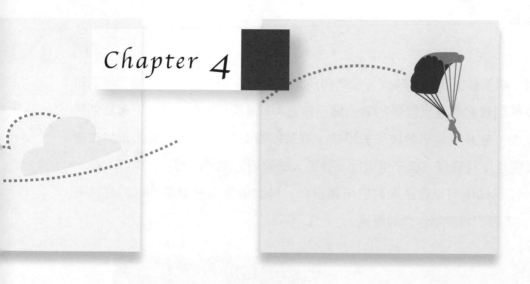

Chapter 4

☑ **千挑萬選之後**

　　到了明秀該上小學的時候，我們卻決定要讓她在家自學，為什麼？早期親朋好友聽到我們要在家自學的第一個反應是：「這是合法的嗎？」，因為他們的印象中，家長不讓學齡孩子去學校上課就就像1997年5月錫安山新約教徒學生集體從學校罷學一樣，是違反《強迫入學條例》要被罰錢。但久了之後，現在大家都知道可以合法向政府申請自學，得到的反應多半是「你們好勇敢喔！」、「我們好羨慕你們的勇氣！」。

看故事書時間到了。

前車之鑑

決定讓孩子在家學習，真的是經過我們夫妻倆不斷討論和審慎評估之後才做的決定。

首先，因為幼稚園是我自己在家使用蒙特梭利方式教的，所以在明秀還沒上小學之前，Tim就先研讀過「國民中小學九年一貫課程綱要總綱」的語文、健康與體育、數學、生活和綜合活動等學習領域的能力指標，結果發現一、二年級學生該有的能力，她都已經有了，已經了解、學會的內容，為什麼還要花時間和精神再學一次呢？

其次是因為明秀是年底出生的小孩，跟她一起上才藝班的孩子，多半比她早1年上小學，所以在她還沒正式收到入學通知之前，我們就已經多少了解了一些上別人小學的經驗了。

出門旅行回家後寫心得報告。

我們先是在才藝教室外面聽到很多家長在等候區嘰哩呱啦地討論：要學區入學？還是

跨區入學？挑完學校之後，就開始挑老師，雖然說是常態編班，但實際上家長還是會想盡辦法影響結果。最糟的是，萬一開學後發現老師不適任，家長們的焦慮又來了。即使家長和老師的教育理念一致，彼此合作無間，但過2年又要換老師、換班級，所以家長大概在一年級過完後，剛升上2年級就開始打聽明年哪個老師會接三年級的班、到處找關係希望孩子能分到「好老師」的班上。看著這些家長忙忙碌碌，就為了孩子的就學問題在擔憂，我和Tim不禁自問，1年後我們也要這樣嗎？難道沒有其他更好的方式嗎？

　　而且，我認識的這些孩子中，有很多是聰明的孩子，明明他們的數學程度都已經到小學中年級了，還是得乖乖地坐在教室裡聽老師上1+1=2的課。我還曾經聽過有個孩子說，因為他上課問了太多問題，以致老師生氣了，不准他再發問。再說，看著這些才小學一、二年級的孩子，每天為了寫不完的功課而弄

寫中文偶爾也需要用詞典查字。

明秀剛開始學寫書法。

到11、12點才能睡覺，真的很讓人不解又很心疼。

　　還有，為什麼小學要早上7點多就去上學呢？小孩不就是該睡得飽飽的嗎？像明秀，她是早睡晚起型的，但是她早上起床以後，不會再睡午覺，所以要她7點半到校上課，跟著學校那種作息，像豆腐塊的時間安排幾乎不太可能，而且這樣她也沒自己的時間做功課。

　　在明秀自學5年後，明哲也進入了國民教育階段的年齡，我和Tim就得幫他決定是否也要申請自學。雖然同時教兩個比只教一個難，但因為有多年教明秀自學的經驗，再加上Tim的協助，我認為明哲加入自學並不會造成太多的負擔，更何況學校教育在這5年中基本上並沒有太多改變，上述問題依然存在，因此決定也幫明哲申請自學。

深入了解與思考

　　我們後來決定讓明秀在家學習的最主要原因是，我和Tim無法接受學校的教學方法和教材。Tim認為臺灣小學的上課模式，跟他小時候、甚至我公公小時候，根本沒什麼差別，就是一個老師在前面講課，下面一群學生坐著聽課，就算學生已經會的部分還是得乖乖地坐著聽，但是學生聽不懂的部分，老師為了進度問題，也不會停下來解釋到所有學生都懂為止。在教材部分，即使黑板換成電子白板，課本換成電子書包，教材和課程設計的理念還是以習慣性的「好教」為最高指導原則，但把知識切割成沒有連貫性的40分鐘片段就不適合明秀的學習風格。

　　再說，還有學習不連貫的問題。比如國小的自然課本，每一個單元都沒有互相聯結，像是一本不相關的文集，比如第一章是關於生物，下一章可能跳到氣候，中間完全沒有關聯。孩子也只能片片斷斷地學習著知識，這樣怎麼可能產生學習興趣呢？即使對某個主題產生了興趣，接下來上的課程卻完全無關，那麼孩子要如何深入學習呢？

　　如果課本就是這樣沒有邏輯可言，即使再有理想性的老師，恐怕也很難教得好吧？就算老師想要系統性地好好教，可是他還要顧慮學校課程要考的內容、哪些重要或不重要，終究他的教學還是會變得支離破碎，不具備完整的架構。

於是我們開始思考：難道這樣的學習方式是我們家孩子唯一的選擇嗎？

我們的孩子是特殊的

還有很重要的一點，就是我們的孩子本身比較特殊，明秀和明哲是多語言多文化的孩子，我希望他們對自己的認同能夠保持下去，但是他們的認同原本就不會太過主流，因為明秀和明哲本來就跟這些孩子不一樣，也不需要變成跟他們一樣。

可是以我和Tim的了解，學校在理念上雖然贊同孩子要發展自我，但在實際執行上，並不鼓勵自我發展，而會為了方便班級管理，以致比較強調一致性和共同性，因此，孩子較少有機會去表現自己的特質，或是說，不能用自己的方式去解決問題。學校因為有實際運作的考量，所以必須使用這種學習方式，可是那跟我們對孩子的教育理念不合，既然如此，我們為什麼要妥協？我們為什麼不能依

明哲和明秀從小就愛看書。

照自己認為我們的孩子應該有的學習方式去做一些新的嘗試，而非得遷就於學校的管理方便呢？

還有一點是我們夫妻比較個人的考量，如果小孩上學，那我們家的寒、暑假就只有那一小段期間，而且是全國都放假的同一段時間。倘若我們想要回波蘭，讓明秀和明哲姊弟體驗不同的季節或節慶氛圍，或是要深度認識臺北以外的臺灣其他地方，因為我們不想利用周休 2 日跟著人群衝來衝去，到處人滿為患，這樣的想法就很難辦到了。

還有一個也是我一定會列入考慮的因素：學校不會教我的孩子們波蘭語，不會教他們波蘭的歷史，或是波蘭的地理，不止波蘭，連歐洲其他國家也是輕描淡寫。我看過社會課本，覺得內容很淺，只有一些基本概念，沒有回答「為什麼如此？」的問題，為什麼歷史上某一個事件會發生在此時此地？課本上往往只描述發生了什麼事件，卻未說明發生的原因。

舉例來說，我看過一個小學三、四年級的學生在做社會科習題，作業有一張地圖，要孩子標出首都在哪裡。我看了一看，就跟他聊天，他標出了首爾、東京、北京，但是地圖較下方的越南首都是哪？他不知道。我告訴他是河內，而且臺灣有很多來自這個地方的人啊，甚至可能他有同學的媽媽就來自那裡，可是他回我說那個不會考，所以不用記，記住這些就好。結果小學的學習還是考試引導教學，這是我們夫妻倆很不喜歡的。

在前述種種因素考量之下，我們最後決定讓明秀在家自學。

波蘭西北部 Gniew 傳統貴族出巡的服飾。

華沙郊外森林裡第二次世界大戰被大屠殺的猶太人墳墓。

在 Busko-Zdrój 的波蘭傳統音樂節表演的兒童合唱團。

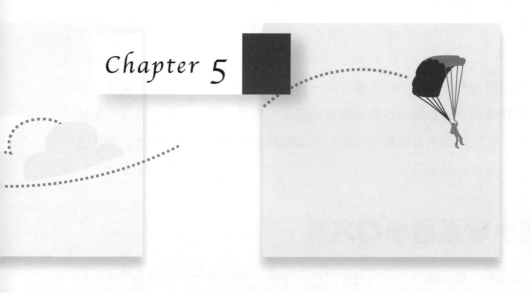

☑ 是照顧，還是補習？

— 一樣小學兩種學習方式

— 波蘭課後照顧服務班與臺灣安親班

— 學才藝是為了發掘真正的興趣

臺灣的學校同一年級的學生都在同一個時間放學，但父母都是上班族的小學生，幾乎放學之後都得到安親班或是補習班，等待疲憊的父母下班後再來接他們回家，若家中沒有長輩幫忙或沒有外傭照料就別無選擇，這點真的是我這個波蘭人十分難以想像的。

一樣小學兩種學習方式

前面提過，我覺得孩子不需要那麼早去上學，希望讓孩子睡飽之後再開始學習，這是我讓孩子在家自學的理由之一。比如波蘭小學生的作息時間不會被學校課程塞滿，幾點鐘有課就幾點鐘到校，每天在校上課的時數從 4 堂到 7 堂不等，跟大學有點像。

波蘭的學制和臺灣相同，小學要讀 6 年，國中和高中各 3 年；小學四年級開始，社會科會分為歷史和地理，而自國中開始，自然科分為物理跟化學。至於其他科目學習，跟臺灣的小學類似，就是國語（波蘭語）、數學、音樂、藝術、電腦、體育、自然、外語（如英語、法語、德語或俄語等），公私立學校的學生都要修第 1 和第 2 外語，像明秀的朋友 Ania，在小學時就開始修第 1 外語英語，第 2 外語德語，上了國中後，除了繼續英語和德語之外，還選修俄語。此外，臺灣小學有母語課（閩南語、原住民語或客語），不過波蘭是沒有的。

波蘭小學比較特別的是，都市小學四到六年級的孩子每學年有一週的「綠色學校」（Zielona Szkoła），不同於臺灣的校外教學是波蘭的「綠色學校」是讓全班的學生都住到鄉下，在那裡進行各種課程，如自然、戲劇、電影或參觀博物館等。在升國一開學後的第一個月，全班同學會一起出遊4到5天，通常會去到不一樣的環境，像住在首都華沙的Ania上國一時，她們班就去山上的小鎮，而鄉下的學生也會到大城市觀光，讓導師和學生能在一個比較輕鬆的環境下很快地相互認識。

　　臺灣的小學六年級生有畢業考，在波蘭則是五、六年級學生每週會有額外1小時的「會考準備」課程，不過波蘭畢業會考的內容其實很簡單，孩子只要有認真上課、寫作業，基本上都一定會過，不像臺灣的畢業考有很多需要背誦的內容。

　　臺灣小學常會有不少學生是跨區（寄籍）就讀，但是波蘭小學都是社區型的小學校，還有一個跟臺灣小學比較不一樣的特色是：波蘭小學生從一到六年級都在同一班，但是班導師會在小學四年級更換一次，所以孩子們是在6年中一起長大，連家長也彼此熟識。不像臺灣的小學是每隔2年分班一次，家長也不一定互相認識。

明哲的波蘭朋友Zosia小學一年級的開學日

臺灣和波蘭小學異同

以下是明秀根據她對臺灣和波蘭小學的了解所整理的比較表，希望能讓讀者一目瞭然。

臺灣小學和波蘭小學的比較　by 明秀

項目／國家	波蘭	臺灣
上下課時間	▌彈性 ▌上課：8:00~12:50 ▌下課：11:40~17:00	▌固定 ▌上課：7:40 ▌下課：12:00 或 16:00
環境	▌專人打掃很乾淨。 ▌進學校必須換室內鞋。 ▌外套要掛在更衣室。	▌學生打掃，比較不乾淨 ▌學校不用換鞋 ▌外套直接掛在椅背上，或是收在抽屜中
每堂時數	▌上課 45 分、下課 10 分。 ▌10:35 有早午餐下課時間，用來吃三明治。 ▌下午 1~2 點在餐廳有供應午餐。	▌上課 40 分、下課 10 分 ▌10:20 到 10:40 下課時間為 20 分鐘。 ▌午餐午休時間 1 小時在教室用餐。
教室	▌每個科目都有自己的教師和專屬教室。 ▌學生利用下課時間移動到下一堂課的教室。	▌國小只有英文、自然、音樂、電腦課會到別間教室。
下課	▌平常下課不能出去戶外，因為還要換鞋子。	▌不要離開校園就好。

項目／國家	波蘭	臺灣
評量分數	▋1～6級。	▋0～100分。
留級	▋一科不及格就留級。	▋不會。
跳級或提前入學	▋只要通過「心理師」評估認為心智成熟度達到就可以提前入學。	▋非常困難，需通過考試。
校外課程	▋很常會全班到森林散步或去看電影和表演。	▋偶爾，通常是每個學期安排一次戶外教學
寒暑假作業	▋完全沒有。	▋多到爆。
課後作業	▋因老師而異，有的會出有的不會，但不會要求隔天做完，每個學期要交1～2個主題研究報告。	▋每堂都有隔天要交寫不完的作業
放假	▋聖誕節和復活節各放一週。 ▋寒假兩個禮拜。 ▋暑假兩個多月。 ▋每個地區放寒假的日期都不同。	▋依照教育部規定時間放假。 ▋寒假3個禮拜（每年1/20到2/10前後）。 ▋暑假2個月（每年7/1到8/31）。 ▋實際上大概只有休除夕到初三，其他日子還是得準備考試。

☁ 我的波蘭密友 by 明秀

　　我2歲時去波蘭，在遊戲場遇到一位和我同年的小女孩名叫 Ania，後來發現她的媽媽竟然是我媽媽失聯多年的小學同學！從此之後，我每次回波蘭就會去找Ania和她的妹妹Zuzia，我也曾陪Ania一起到她的學校去上課。

　　Ania上學的時間非常自由。有一年，我們2家人在學期當中一起到波蘭北部的波羅的海海邊度假2個禮拜。還有一次，她和她家人在早上學校上課時間來機場接我，使我非常驚訝。後來她解釋說，波蘭學校的上課時間不像臺灣是全國統一，那天早上她沒課，就不需要去學校。

　　2年前，她們全家人來臺灣1個月，和我們家一起過農曆年。我們帶他們去野柳、九份、十分瀑布、平溪、龍山寺、臺北101大樓、故宮博物院和臺北市立美術館等地參觀。

　　她家養了2條大型拉不拉多狗，每次我去Ania家時，就會陪她一起帶狗去散步，我們很喜歡走在她家旁的鐵路軌道上聊天。Ania和我有很多共同的地方，像是我們都喜愛動物、看同一種書、聽同一種音樂。唯一不同的是，Ania喜歡在廚房裡煮飯，烤蛋糕，而烹飪不是我的強項。

　　雖然Ania和我相隔好幾千公里，7個小時的時差，但我們仍然以e-mail保持聯絡，並且每隔幾週就會用Skype視訊交談，彼此分享最近的趣事和寵物生長的情形。

明秀和她波蘭的好友，Ania 和 Zuzia 姐妹。

明秀和她的波蘭密友 Ania 在我小時候和 Ania 媽媽一起遊戲的公園不期而遇。

明秀最喜歡和 Ania 在戶外散步聊天。

 國際日報告 by 明秀

在我國小二年級那一年，我學籍所在的日新國小，請我媽媽在國際日那週到學校向所有的二年級小朋友介紹波蘭。我們全家一起分工努力準備，爸爸負責準備簡報內容，媽媽報告，而我則是要製作一大張波蘭地圖海報。

演講的前一天晚上，我們全家在排練時，媽媽說她擔心學校同學聽不懂她的華語，因此我自告奮勇說要代替媽媽上臺。於是隔天我請爸爸幫我播放電腦簡報，我則對全校200多位師生介紹波蘭。

我的簡報叫做「波蘭，你、我、他」，內容包括介紹波蘭的人口、土地面積和地形等。我一開始先教同學如何用波蘭語打招呼，只要簡報中出現「cześć」，同學就必須大聲喊出「cześć」（發音類似「妾攜妻」），意思是「嗨！」。幾個月後媽媽來學校，同學看到她時還會大聲用「cześć」和她打招呼！

除了教同學們說波蘭話之外，我還教他們玩波蘭的童玩 kapsle，也就是彈瓶蓋遊戲，大家都玩得非常盡興。

學期末時，學校還頒給我一張獎狀，感謝我對國際文化交流的貢獻，吧！

要介紹波蘭，就得先準備波蘭地圖的海報。

著傳統服裝向200多位二年級師生介紹波蘭。

學習為了什麼？　by Tim

　　對照一下新北市從2008年起辦理的多元活化課程實驗計劃。本來週三下午臺灣的小學是沒課的，可是新北市政府覺得，我們要加強英語，因為我們要有競爭力，我們要國際化，所以要求全部的人都要參加！有人表示，根據臺灣法令，上課時數就這麼多，超過課綱以外的內容，我可以不參加。新北市政府就說，「好吧，如果你不參加，那麼你要申請在家自學」，於是家長就得要申請那4個小時學生不來校上課。

　　反觀，波蘭教育是認為有課要上才需要待在學校，如果今天在校園內提供的是課後照顧服務，就不應該把課程內容帶進來。孩子應該利用課後時間去做他自己的事情，愛打球的打球、愛看書的看書、愛做木工的做木工、愛畫畫的畫畫，只想下棋、聊天、睡覺也行，每個人各有不同的發展，而不是，大有為的政府認為禮拜三下午沒課的時間，大家都來學英文。我覺得這真的是很荒謬的一件事情。

　　從2011年開始，新北市的活化課程不再強迫每個孩子都要學英語，還提供包括桌球、紙藝、書法等多元社團，基本上就像波蘭學校的課後照顧服務。

波蘭課後照顧服務班與臺灣安親班

或許大家會覺得奇怪，為什麼波蘭小學的上課時間可以這麼有彈性，難道沒有家長會抗議學校不配合他們的工作時間嗎？因為波蘭有個制度，就是在學校內設立課後照顧服務班（świetlica）。如果學校沒課時，家裡也沒大人的話，學生就可以待在學校的課後照顧服務班，但這個課後照顧服務班提供的是純照顧服務，不會教學校的課程，也不會教寫家庭作業，老師也是外聘而非請學校老師兼職。孩子下了課，在課後照顧服務班一起吃飯、在校園內打球和追逐、在遊戲場上玩或待在室內畫畫、玩桌上遊戲、看書等。

波蘭的課後照顧服務班需要收費，但收費低廉，每個學期約1000元臺幣，相對於臺灣的課後安親班，不僅要盯孩子寫作業，還要教學校的進度，每

☁ 課後照顧服務是應有的兒童福利 by Tim

臺灣自2003年起推動「國小課後照顧服務」，2011年公布的「兒童及少年福利與權益保障法」，更把辦理兒童課後照顧服務列為地方政府應建立整合性服務機制之一，由各縣市教育局（處）國小辦理兒童課後照顧服務班，有這方面需求的家長應該要大聲向你的縣市政府要求，請他們依法辦理提供給你沒有補習、健康的課後照顧服務。

個月動輒6、7千元，萬一還要補點才藝，收費更要往上調。

　　另外，波蘭小學中，因為孩子們從小一到小六都同班，如果班上有幾個同學的媽媽是全職媽媽，這些媽媽就會帶幾個其他上班族媽媽的小孩到自己家裡，幫忙照顧這些孩子。如果這些孩子下課時父母還沒有回來，愛心媽媽會給他們東西吃，看看他們寫功課或是帶他們做點活動。像我自己小時候，因為我爸媽都上整天班，家裡離學校滿遠的，下課後我就在同學家吃午飯，寫功課和玩，等爸媽下班後來接我，我的家人和我同學的家人因此而熟識，直到今天仍然保持密切聯繫。

學才藝是為了發掘真正的興趣

明秀和明哲除了我們在家自己教之外,也會去參加他們有興趣的才藝班,像是雲門舞集舞蹈教室、高大宜音樂教室、林佩娟音樂教室和蘇荷美術教室等,一方面可以學些我沒有教到的才藝,另一方面也有機會和同儕互動。除了上才藝班,明秀還曾去過臺北市Y17青少年育樂中心學了2年的直排輪,之後到汐止哈士奇冰場學習花式滑冰,而明哲也曾在臺北小巨蛋冰上樂園學過2年的花式滑冰。

我和Tim認為,上才藝班最重要的目的是要發現孩子的興趣和專長,而非人云亦云去上一些最夯的課程,更不會逼孩子一定要學到有成果才罷休。

從明秀5歲、明哲4歲開始,每學期結束時,我和 Tim 都會和他們討論哪

些才藝課要停止,哪些要繼續上,才不會過度操勞。即使他們一時停止上某些課程,並不代表他們就放棄了這個項目。以滑冰為例,明秀6歲時只想去跟教練上課,不想自己練習,造成她完全無法進步,浪費許多時間和金錢。因此我們讓她休息,但還是三不五時讓她試試看,直到她1年後願意主動練習,換

榮獲12-14歲花式女子組冠軍。

2011年在泰國曼谷參加 ISI 亞洲杯滑冰錦標賽。

雲門舞集舞蹈教室的獎學金班，每個禮拜天要練習 4～5 個小時。

明哲參與音樂教室的年度呈現表演。

不到2歲的明哲在Gymboree。

個冰場和教練後才恢復上滑冰課。明秀曾經是花式滑冰選手，在2011年還代表臺灣參加在泰國曼谷舉行的亞洲盃花式滑冰錦標賽贏得冠軍。

再以明哲為例，他從4歲開始學花式滑冰，即使他很想滑得像明秀一樣好，但由於小巨蛋的上課環境有太多干擾，讓他無法專心學習，導致進步得非常地緩慢，最後我們決定乾脆停課，讓他在冰上盡興地玩，後來明哲在自學朋友的介紹下開始在奇旺足球教室練球，也就不再去滑冰。我們並沒有因為明秀是花式滑冰選手就要求明哲不得中途而廢，正是因為他們兩人都有發展出各自的特色，讓我們家更多元，孩子們間更毋需擔心被拿來和自己的手足比較。

除了滑冰之外，明秀的另一項專長是舞蹈，但她的學習過程也非一路走來始終如一。她曾因為各種因素換了許多舞蹈教室，也休息過一段時間，最後是因為她的另一項興趣——花式滑冰——的教練建議她去學舞蹈，幫助她在花式滑冰時做動作的藝術表現。明秀在國小畢業時舞蹈方面的表現就已經可圈可點，在全國雲門舞集舞蹈教室的學生中脫穎而出，從2009年起受邀成為獎學金班的學生。明哲從4歲開始在雲門舞集舞蹈教室上兒童律動，後來上到進階芭蕾。根據我的觀察，在臺灣除了雲門舞

明哲跟明秀一樣，從小就很喜歡跳舞和芭蕾。

圓個拍片的夢　by Tim

　　2012年4月，明秀和她兩位國中自學同學一起製作的短片「滑出自己的夢」入圍2012臺灣國際兒童影展，而該影片從兒童節當天上了公視的 YouTube頻道以來，在短短的5天內，就有超過10,000人次點閱，至今有超過30,000人點閱。

　　明秀喜歡攝影，她的作品也曾應朱銘美術館邀請在朱銘臺北的藝教實驗室展出，因此她和同學在2011年5月，以她自己在臺灣要訓練成為滑冰選手所面臨的困境，寫成短片企劃案，經公共電視甄選後成為當屆輔導的10部短片之一。

　　拍片的過程雖然有趣，但拍完後還要學習專業影音編輯軟體並要耗上好幾個月剪輯，自己配上旁白之後，把受訪者的談話內容聽打成逐字稿後製成字幕，製作過程雖然辛苦，但也讓她在14歲時就有完整的影音製作經驗，也讓她自己更加確定未來要往媒體發展的志向。

　　滑出自己的夢影片連結：　http://youtu.be/47o4rJYdaFE

滑出自己的夢。

集舞蹈教室之外，大多數的芭蕾舞教室，因為班上幾乎清一色是女生，普遍以「小公主」稱呼上課的小舞者，不論是課程或上課方式很少考慮到小男生的需求和感受，對喜歡跳舞的男生來說不甚友善。

在學習音樂方面，明哲和明秀有截然不同的發展。明秀從4歲開始在高大宜音樂教室上課，高大宜的音樂教育理念是人聲為最基本的樂器，而且注重在地文化如民謠和童歌的學習，因此明秀至今仍對阿卡貝拉（a capella）的人聲合唱保持高度的興趣，國中時也曾去和大專生及社會人士所組成的合唱團一起練習。明哲從2歲開始上Mamma Mia親子音樂律動課，雖然明哲上正式音樂課的時間只有明秀的三分之一，但是他每天都會自動坐在鋼琴前練習，因此能夠流暢地演奏鋼琴。由於明秀對反覆練習興致缺缺，雖然鋼琴在5歲半及8歲到9歲共學了兩次，但都沒有繼續，可是她卻能用電腦和手機創作自己的音樂。姊弟倆在音樂上都有獨特的表現，其實不需要比較。

明哲對音樂的興趣不止於學鋼琴和樂理，他在九歲時想再學一種樂器，媽媽建議他試試看薩克斯風，於是我們找了一位留學法國的古典薩克斯風老師，明哲很認真地學了一年之後開始不太想練習，後來因為排課衝堂停了一段時間。第二位老師是斯卡（Ska）薩克斯風手，他在第一堂課問明哲想吹什麼樣的曲風，明哲想起外公是個爵士樂迷，就跟老師說他想吹爵士樂，於是開啟了明哲對薩克斯風的全新認識。明哲跟爵士樂一拍即合，除了跟老師學習吹

孩子在蘇荷美術教室所畫的圖。

明哲演奏薩克斯風情景。

奏薩克斯風之外，也開始自己在Spotify音樂網站和YouTube影音網站上搜尋爵士音樂大師們的演出影片，也去修線上的美國德州大學爵士音樂欣賞課程。透過明哲的第三位薩克斯風老師，明哲加入師大爵士音樂社的團練，和年紀比他大一倍的大學生一起練習，進而成為2015臺中爵士音樂節青少年爵士樂團的成員，除了在音樂節的舞台演出外，也到臺中市的國小、國中和高中巡迴演出。

　　同樣的樂器，因為曲風不同所重視的技巧也不盡相同。明哲喜歡編曲，擅長即興，吹奏起爵士樂來駕輕就熟。雖然爵士樂在台灣是小眾，也不像古典音樂有完整的檢定制度，對升學幫助有限，但我們還是支持他擇其所愛，因為考試只是一時，愛樂才是一世。

　　明秀從7歲開始在蘇荷美術教室上課，而明哲開始的年齡更早。在此之前，明秀也上過另外2個兒童美術教室，但以前美術課老師會要求孩子臨摹，給孩子過多的指令，還會打分數以及比較班上同學間的表現，造成孩子的挫折感和懼怕嘗試創新，而蘇荷美術教室則完全不同。在蘇荷上課時，老師會廣泛介紹東西方美術的不同風格，在開始動手之前，老師和孩子會一起討論該堂課的主題，孩子們藉共同的主題自由發揮，老師會鼓勵他們嘗試新的技巧和使用不同的材料。蘇荷美術教室的老師從不批評孩子的作品「不像」或「畫錯」，而是請孩子用自己的話來解釋他的作品，並以正向的語言來鼓勵孩子創作。明秀和明哲曾是同班同學，而明哲也曾和比他小7歲的妹妹明玲同班上課，他們的作品也各具特色，不分上下。

明秀創辦了滑雪學校，與她的學生們合照。

☁ 取得滑雪教練資格的旅行 by 明秀

2011年12月，我們全家去加拿大魁北克滑雪，這是我們12年來第一次回美洲，因為臺北沒有直達魁北克市的飛機，我們得先去多倫多轉機趁機觀光。多倫多市政府前的廣場上有個冰場，幸好我有帶冰鞋去可以體驗，滑戶外的冰場很好玩，因為可以邊滑邊觀察周圍的事物。

離開多倫多後，我們去找住在首都渥太華（Ottawa）的叔公，叔公除了帶我們去參觀加拿大國家文明博物館以外，還帶我們去他家旁邊的森林散步和玩雪。我們和叔公的家人及朋友一起過完聖誕節後，開了超過600公里的車去到魁北克市郊的Mont-Sainte-Anne，展開我的加拿大國家滑雪指導員訓練課程。

我會大老遠跑去加拿大受訓，是因為在那裡開放讓15歲的孩子取得指導員執照，只要考得過，就可以開始教小朋友和初學者滑雪。我的教練說我滑得很好，但是當指導員不是只要會滑雪，還要學會怎麼教，怎麼與學生溝通。在3個禮拜的訓練中，我也趁機在3位來自臺灣和中國的魁北克大學學生、2團只會說法語不會說英語的小小朋友和我爸爸身上實習如何教滑雪。

我的教練是世界級教練，他每年都有免費的新雪板，因為廠商都會送給他測試，他去世界各地的雪場滑雪也是免費的。我的教練雖然已經60多歲，但仍然滑得非常瘋狂，跟著他，2分鐘就要滑下一座坐纜車要10分鐘才能上去的山。此外，教練還給我1本英文的滑雪指導員訓練手冊，白天滑雪累得半死後，每天晚上回到飯店後還得K書。

一開始，爸媽不懂為什麼我上過了2個小時的課就累到不想再滑了，直到最後一天，爸爸跟著我和教練一起上課後，他就完全了解為什麼我會這麼累。在滑完最後一趟之後，校長和教練在滑雪學校內為我頒發了法文的加拿大國家滑雪指導員證書、成績單和胸章，從2012年12月起，我就正式開始教滑雪了。

看明秀跳躍會令人心跳停止。

我們全家都很喜歡在日本妙高滑雪。

第三篇

走過許多冤枉路之後

經過不斷嘗試和研究，我們終於明白，
最適合我們家孩子的方式是……

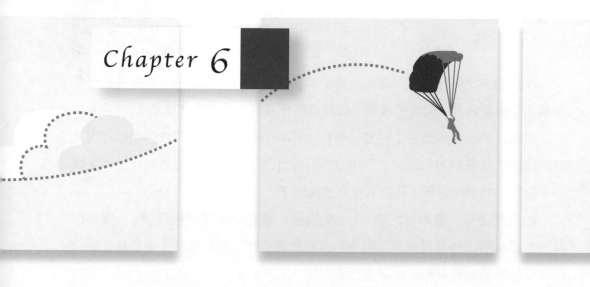

Chapter 6

☑ 學好語言就這麼簡單

— 不學ㄅㄆㄇ的中文學習
— 學好英文並不難
— 波蘭文也要認真學
— 學臺語要環境

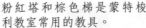

粉紅塔和棕色梯是蒙特梭利教室常用的教具。

在我們決定要在家自學之後，最基本和最重要的問題就是：要選擇哪一套課程，可以符合我們既定的理念，繼續國際化教育，深植文化認同？

很痛苦的一件事情是：明知道學校的課本不適合明秀和明哲的學習方式，但問題是怎樣的教材叫做好？到底家長好教且孩子學起來有趣的教材長什麼樣子？還有，我們應該要怎樣去評估和選擇呢？

在我們開始選擇教材之前，Tim 先讀過「國民中小學課程綱要」，覺得根據國家課綱所編的教科書並不適用明秀的學習風格，所以就決定要以自有的或是可以找得到的教材和教法來進行。

不學ㄅㄆㄇ的中文學習

決定要自己找教材之後，我和 Tim 就展開了一連串反覆嘗試、打聽和尋找的過程，因為一開始並不知道怎樣的教材比較好。

比如數學，我到現在只找到一本比較好玩的，那是我在中山地下街逛書店時翻到，書名就叫《我＋數學＝聰明》，分很多級，從小一到小六都有。它是在討論數學的觀念，可是用一些比較好玩的方式來呈現，對於喜歡數學的孩子來講是比較有趣的，其中沒有很多重複練習的內容，每一道題目都不太一樣，每一個單元會介紹一個觀念，可以應用在不同的地方，我覺得這是明秀和明哲會喜歡玩的內容，即使明秀是可以整天只做數學的孩子，但我不要她為了考滿分

而浪費時間在重複練習。

國語學習多元化

　　在國語文方面，那時候我們是直接請問明秀學校的老師：「如果可以自己選的話，你會選什麼教材？」她告訴我們，螢火蟲出版社有一系列國語文相關的參考書，雖然不是針對準備學校考試，可是內容非常好，如果她可以選的話，會選那個，不要選學校的。

　　我們也有從香港的青田教育基金會引進如「綜合高效識字」學習用書，因為我們不想讓明秀和明哲像臺灣小學生，先學ㄅㄆㄇㄈ再學中文。我們想，應該有其他方式可以學漢字吧？在香港和中國，他們採取的是「集中識字法」，

明秀用我準備的字卡造句。

我們家教室裡的書和其他的教材。

☁ 臺灣教育最成功之處　by Tim

　　國內坊間有很多補充教材，但我個人認為比較大的問題在於，幾乎所有的教材設計，都是為了準備考試，補充也只是補充學校教學，連周邊的支援教學或補救學習，也都只是為了準備考試而已。所以，坊間常見的教材大都強調解題、運算，也就是一直重複練習而已，對學習並沒有任何真正的幫助。對於真正想要學習，或是想要走不同學習路線的人來講，異於學校教法的教材不易尋找。以學習中文為例，參考書只是不斷重複教科書的內容，沒有不同的教材和教法可以依循，所以我們必須到處尋覓。

　　從教育選擇權的角度來看，臺灣教育辦得最成功的，一個是學齡前教育，二是才藝班。全世界很難看到有像臺灣這樣有如此多元的學齡前教育選擇，在歐洲國家，學齡前可能是安親托育的社會安全系統之一，而不是國家教育的一部分。在強調核心家庭價值的美國郊區，學齡前就是在遊戲團體和在家自己帶孩子之間度過。在臺灣，學齡前的選擇五花八門、包羅萬象，從寄宿在鄉下祖父母家的隔代教養到全美語、全日語、華德福或蒙特梭利的教學理念都有。

　　在才藝班方面，在系統教學和個人工作室的競合之下，不論孩子想發展的「能力」或「興趣」的領域是音樂、美術、舞蹈、相聲、球類運動、下棋或機器人，都有相對應的服務提供者。很少有社會能夠提供如此多元的選擇，而且以國際市場價格來說，是相對經濟且高品質的教學服務，吸引在家自學的跨國公司亞洲區高階外派主管，舉家從首爾遷移到臺北。

　　這一切都要歸功於這兩個「學習市場」是在國家教育管制之外，除了消防安全和消費者保護的規範外，不論是課程內容、教學方式和師資幾乎沒有受到任何管制，才能夠蓬勃發展，有今天的規模。但在教育部為了推動幼兒教育券、國幼班、幼托整合，訂出不考慮經驗而要求保育員的最低學歷、每班最低人數和不能混齡教學等政策，學齡前教育恐怕會步上國民教育的後塵，成為另一個教育一言堂。

因為他們不學ㄅㄆㄇㄈ，是直接讓孩童大量的識字、大量的閱讀，他們對文字的認識是透過一套有系統的方式去認識它，例如：我要介紹「青」這個構造系統的字，我可能會在一篇文章裡，特別寫有晴天、情人、請、感情、水清、山青……等等，所有這些含有「青」的字，把它串成一個故事，讓孩子下次就算看到不同的字，他也能唸、能認得出來，因為他懂得其間的關聯性。

　　所以選教材，就是要問，去打聽並到處看。

　　最近有一個家教老師，告訴我們一些中文教學網站，如精選動畫故事、全球華文網路教育中心，其中有遊戲、有練寫字。

　　自編教材最大的困擾是準備練習本。自從我們選用集中識字法，孩子學習漢字的進度會跟學校不一樣，但由於坊間能買到的練習本都是跟著課本的進度，例如學期中的每個禮拜要學的生字已經排好固定是哪些，但孩子學的字又沒在練習本裡，那該如何產生一個有筆順、有注音符號，可是又能按照孩子進度的練習本呢？過去除非是自己一個字一個字慢慢刻，不然是不可能有量身定作的練習本，但現在新北市政府教育局做了一個網站（「自編國小一至六年級

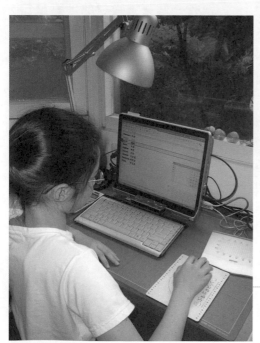

準備太空簡報用的雙語行星名稱。

生字簿」），讓我可以製作專屬的生字練習簿，要什麼字自己排定，只要在網頁上輸入要練習的字，點一下，客製化練習簿立刻完成，就可以利用這個網站即時產生需要的練習。比如說，這個禮拜五我要教一篇文章，有哪些生字，輸入以後，按個鍵，專用練習本就自動產生出來了，有筆順、有部首，還有注音符號。有了這個網站，我們就可以去挑選想用的字做教材，不必再受限於課本或參考書。

手眼協調和顏色識別練習。

國際書展蒐集教材

還有一個蒐集教材的地點是每年春節前後舉行的臺北國際書展，通常我們會避開那些有很大攤位雇用大批業務推銷的套裝書，因為隨著孩子長大，他們會對同一類型的書失去興趣。我們會去藏在角落的小攤位找有創意的教材和書籍，經常也會有意外的收穫。我們經常拉著空的登機箱進去國際書展，不但裝滿，還掛著一堆袋子出來。

明哲小時候用的教材都會放在他可以自己拿得到的書架。

有家香港的博雅教育出版社曾來臺灣參展，他們有一整套的CD、DVD叫做「漢字通」，其中有很多教漢字的遊戲，內容從簡單到困難，遊戲裡的用字，可以從6個等級來挑選，有10種不同的遊戲。除了遊戲，還有小字典，讓孩子可以直接在遊戲裡查詢。

在選擇教材時，盡可能讓孩子試用以後再買回家，以免家長看上的教材孩子不見得喜歡用，況且每個孩子學習風格都不同，其他小孩喜歡或有用的教材不見得適合自己的孩子，孩子用的教材一定要經過他們自己試用才準。

一邊用手指頭描字母，一邊讀出字的發音。

學好英文並不難

明哲雖然是在臺灣出生，但從小就開始接觸英文。從嬰兒時期開始，我會放英語的兒歌給他聽，2、3歲時，我開始讀英文的繪本給他聽，即使現在他已經自己會看書，我還是繼續讀書給他聽。即使家長無法自己讀英文書給孩子

聽，仍然可以透過英語的有聲童書，讓他有機會沉浸於英文的環境。家長無需太擔心一開始孩子聽不懂內容，因為有豐富圖案的繪本可以邊聽邊看，此外孩子還可以習慣正確英語發音的聲調。

我們的做法，是讓明哲坐車時聽Julia Donaldson寫的一系列怪獸Gruffalo的書，DK 出版的世紀名著，如《*Peter Pan*》（《小飛俠》）和 Black Cat 出版的《*The Secret Garden*》（《祕密花園》）等的有聲童書。此外，明哲從6歲開始就會早起，6點起床後就自己放有聲童書的CD，一

明哲用我自己做的蒙特梭利教材，學習字母。

邊聽一邊玩樂高積木，有時會跟著書一起讀文字，他在9歲時，已經在聽長篇幅的童書，像是Roald Dahl寫的《*Charlie and the Chocolate Factory*》（《巧克力冒險工廠》）。明哲在6、7歲時開始聽《*The Magic Tree House*》（《神奇樹屋》）有聲童書的CD，被主角安妮和傑克的冒險故事深深吸引，就非常喜歡看這個系列的英文童書，由於這個系列也有中英雙語版，他也會閱讀到中文。

在家裡，我和孩子講波蘭語，Tim和孩子講華語或臺語，而我和Tim之間講英語。雖然我知道明哲聽得懂英語，但我不知道他到底會不會說英語，直到6年前我們全家去日本旅遊時，認識一個澳洲來的自學家庭，他們小孩的年齡和明哲差不多，孩子們之間用英語溝通無礙，我們才發現原來明哲會講英語！現在明哲13歲，英文是他比較偏愛使用的學習語言，他和他的共學同學也多半用英語來溝通。

英文教材選擇多

以英文教材來說，敦煌書局和他們的網站上就有非常多選擇，裡面有很多臺灣叫參考書、美國叫練習本的圖書，書的圖片和色彩都很活潑、漂亮，字都很大，寫完一頁就撕掉一頁，很有成就感，撕到最後只剩封面和封底。另外，全國的好市多（Costco）大賣場也都可以買得到這樣的書。這些練習本的程度從學齡前到小6都有，而且答案就在書的後面，很方便父母親使用，可是，孩

☁ 英語有聲童書

有聲童書是一個讓孩子在還無法識字前，提早接觸英文的工具，就像我們小時候學母語，也是先聽大人說話好幾年才開始自己會說話和識字。全國的敦煌書局可以買到英語的有聲童書，臺北市大安區金華街有一家「禮筑外文書店」專賣兒童英文書，臺北市立圖書館總館的兒童英語圖書館也可以借得到，當然還可以透過國內外的網路書店買到。有些英文的有聲童書是由專業配音員，以製作廣播劇的方式錄製，聽起來就很熱鬧，適合年紀較小的小孩。我認為學齡前的孩子聽有聲書比看英語的兒童影片更能夠幫助他們培養聽力、專注力和想像力。

子的英語能力在一定水平以上才有辦法使用這些英文材料。所以，不管怎樣，父母其實都還是得費心思地去找，才能挖到合適自己孩子用的。

用電腦軟體學語言

明哲喜歡用電腦，但我們不讓他玩那些殺來殺去的遊戲。我們還住在美國時，明秀就用過一家 Knowledge Adventure 公司的產品，他們從 1991 年起推出一系列 JumpStart 和 MathBlaster 品牌的學習軟體，裡面大量使用遊戲和動畫，使用者必須過關斬將才能晉級，能否晉級在於能不能解決問題，而不是按鍵速度快就可以了。Knowledge Adventure 出版過一系列的語文、數學等等不同領

域的軟體，從最簡單到最難的都有。明玲現在還是繼續用以前明秀和明哲用過的軟體，因為要學的基本內容不會改變，沒必要再買最新的版本。

　　JumpStart其實就是在遊戲中置入學習內容，是一種教育遊戲（educational game），它比較像是把練習遊戲化，或者說學習遊戲化，把學習變成像玩遊戲一樣好玩。在遊戲開始時，JumpStart會先讓孩子玩針對閱讀、拼字、算數、圖型和聽力等不同領域的遊戲，測量出孩子適合學習的程度，並根據孩子的表現調整學習遊戲的難易度，同時它有一個後台系統，用簡單易懂的長條圖讓家長了解自己的孩子在不同學習領域的進度。

　　使用這個軟體對明玲的英文很有幫助，因為它的遊戲說明是電腦講出來的，螢幕上沒有太多字，因為年紀小一點的使用者可能只有幼稚園程度，即使看不懂文字說明，可是他們會聽。遊戲的進行中會有

用閃字卡練習英文的反義字。

一個像動物或機器人的角色跳出來對使用者講話。如果孩子按錯鍵或在遊戲內走錯地方，角色會建議孩子試試看另一種方式，所以明玲想要闖關就得聽得懂很多英語說明，而她的聽力就是在這樣情境下，被訓練得幾乎與同年級英語系國家的小孩相等。這樣的學習對他來說就滿有趣的，因為有很多互動，也因為玩這一系列的學習遊戲軟體，讓明哲和明玲在許多學習領域上有機會大大提升實力。

語言學習網站

現在JumpStart還有網路版，可以在線上和其他同年級夥伴一起玩，但是和臉書Facebook等社群網路線上遊戲不同的地方，在於它內建許多安全機制來保護孩子的隱私。

在JumpStart之前，明哲也用過Starfall的英文學習網站，主要是以學習字母和自然發音為主，透過豐富的動畫和簡單的句子，讓孩子不斷地重覆練習閱讀和聽力。孩子在網站上閱讀較長篇的故事時，若遇到不會讀的單字，可以點在字上聽聽看該怎麼讀。

波蘭語的學習注重閱讀和理解。

波蘭文也要認真學

　　另一個是波蘭文用來學習語言、數學、地理和世界文明的Klik學習軟體，讓孩子在遊戲中認識不同國家的地理、氣候，動植物和人情風俗等。在遊戲中，孩子必須要做一些數學、波蘭文和英文的練習，通過之後才能到下一個國家，去發現和那個國家有關的新知識。

　　不論是波蘭語或英語，我們都很容易找到類似JumpStart和Klik這類統整學習的遊戲出版品。反觀華語的學習遊戲，卻還停留在如中文、數學等單科學習，而且國內大多數為國中小生使用的電腦軟體也無法跳脫準備考試的補習模式，許多線上學習的平台，充其量也不過是把補習班老師放在電腦螢幕上，並非真正的互動統整學習，對有不同學習風格的孩子來說幫助實在有限。

　　在學習語言上，我們用讓孩子寫小日記的方式，用波蘭文、中文和英文來寫。我們會讓明秀和明哲輪流使用這三種語言，一篇文章是波蘭文，一篇是中

這本波蘭雜誌一定很有趣。

波蘭文練習本的編排 和內容非常活潑。

文，一篇是英文，這樣就能同時使用3種語言書寫。因為中文是方塊字，所以他們在書寫時比較慢，而波蘭文和英文是拼音文字，比較容易書寫，考慮到讓孩子自己選擇時，他們一定不會寫中文，所以我們都是用指定的方式來讓他們寫小日記。

我用不同的方法教孩子中文和波蘭文。中文在小學階段是以識字和練習造詞及學成語用法為主，明秀也曾在雅齋兒童書法研究會學習書法、寫春聯、剪紙、彩繪燈籠等和文化活動。到了中學階段，明秀會和其他自學學生共學，請自主學習促進會的老師帶領他們欣賞詩詞和文言文。

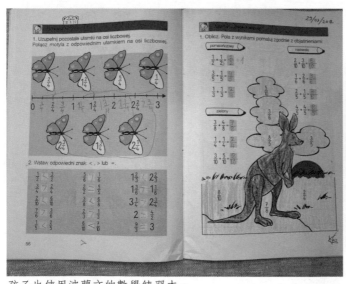

孩子也使用波蘭文的數學練習本。

我在教孩子們波蘭文時會使用兩種波蘭文的課本：文學課本和文法課本。波蘭的文法非常複雜，從小學四年級到高中都有文法課。波蘭文學的課本內容包羅萬象，有詩，短篇文章和節錄小說等，比臺灣的國語課本有趣多了，因為我發現臺灣的課本

明秀在雅齋兒童書法研究會
學習剪紙傳統藝術。

不常用文學家的原著，而是為了課本特別編寫的文章。可是波蘭的課本從小學一年級開始就收錄著名兒童作家的原著，是真正的兒童文學作品而不只是文章而已。

　　除了課本以外，明秀從小就開始閱讀波蘭文學作品，而明哲也喜歡我唸書給他聽。明秀在讀的書都是我曾讀過的，我很高興她的波蘭文程度已經好到可以欣賞這些文學經典。為了滿足孩子們對波蘭文學的胃口，我們家每次回去波蘭時都會大肆採購波蘭文的書籍和課本，每人20公斤的行李額度不夠裝，還得另外寄一箱30公斤的書到臺灣。

迫不及待要拆箱看看波蘭寄來的書。

☁ 邊學邊玩 by 明哲

　　我作完功課後，媽媽就會同意我玩JumpStart，我幾乎每天都可以玩幾分鐘。我會先去看我的寵物小龍，我需要訓練它，好讓它就可以飛。我要去遊戲中的Brain Arcade（頭腦遊樂場）回答問題，答對了就會得到貨幣，貨幣就可買我在遊戲需要的東西。

　　另外，這個軟體中還有數學遊戲，在遊戲中會有數學問題，必須要回答正確答案才能得分。

　　這些遊戲會記得我的程度，然後安排適合我的程度的問題，只要我進步就會給我難一點的問題，萬一錯太多次，遊戲就結束了。

　　我覺得這樣學習很好玩，很酷，可以一邊玩一邊學。

學臺語要環境

　　我們比較遺憾的是因為缺乏使用環境，明哲和明秀的臺語程度還不如他們的波蘭語。他們小時候，Tim 有跟孩子們說臺語，也會教他們唱臺語兒歌和民謠，但自從 Tim 的外祖母在幾年前過世之後，孩子們也失去了一個說臺語的對象。

　　我們剛搬回臺灣時，明秀在高大宜音樂教室裡學了很多臺語歌謠，只要有人請她唱歌，她就用臺語唱，很多人看到一個混血兒唱臺語歌都覺得很驚訝。因為有較多接觸的經驗，明秀現在比明哲聽得懂較多臺語，也比較願意嘗試去說。

　　令人不解的是，明秀在國小一、二年級時，設籍的學校有上臺語課，她看到課本就覺得很奇怪，為什麼學臺語要像學外國語言，課本裡的每個詞都要背，拿回家給 Tim 這個從小到大都說臺語的爸爸看，他也認為這種教材編法真的很奇怪！

　　明哲自稱他聽不懂也不會說臺語，Tim 卻一點也不擔心，說他自己的臺語也是上了國中之後才有在用，現在講得還滿溜的。

孩子們和曾祖母的感情很好，她也是孩子們練習臺語的好對象。

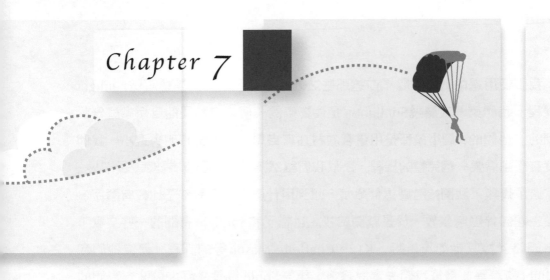

Chapter 7

☑ Sonlight

― 選擇的理由
― 不用教科書的課程

我們使用過的教材,除了前述那些之外,還有一套來自美國叫做Sonlight的課程。我們第一次聽說Sonlight,是住臺東的一個來自美國的自學家庭告訴我們的,他們的3個小孩都是用這套教材在家自學。不過當時明秀還小,我們還沒有想到需要一個完整的課程,所以我們雖然聽說了,卻沒有認真去研究。

過了幾年,我開始考慮這件事情,想到用什麼方式來教孩子比較有順序,什麼主題該什麼時候教,於是就開始找,也讀了和Sonlight有關的一些文章,並在網路上找其他如A Beka、K12、Charlotte Mason等的課程,研究他們和Sonlight的差異,最後我們夫妻討論後,認為Sonlight是最好、最適合我們的課程。

選擇的理由

說到這,也要提一下為什麼我們會選擇美國的自學課程呢?臺灣其實沒有自學的課程,因為臺灣的課程都受到課綱的約束,被綁死了,出版商如果不照課綱出版教材,教育部審定沒有通過基本上就沒有市場。因此,我們想要找課綱以外的課程,一定得到有200萬自學人口的美國找,因為美國是唯一有提供所謂的各種學程的國家。

在美國,自學課程主要分為基督教跟非基督教的,有宗教意識跟無宗教意識兩種,大部份教材幾乎都帶有宗教意識,包括我們所選的Sonlight某種程度

也是如此。可是在基督教的教材中又有強度的差異，像基督教基本教義派和把基督教當成一種宗教學科來學習這兩種，其內容有顯著的差別。例如：有的教材完全不教達爾文主張的「進化論」，只教世界是上帝在7天內創造出來的「創造論」，我們就得根據我們家的信仰去選擇教義強度適合的課程。

其他自學課程

另外也有一些課程，像住在臺中市的國際自學家庭用的是一個1897年創校的American School 的遠距教學課程。這個課程就很傳統，還有定期的紙筆測驗，讓人覺得很無聊，教材的印刷就跟早期學校的那種鋼印講義一樣，印了好幾代還繼續在印相同的內容，講義是黑白印刷就像大學旁邊影印店的簡單裝訂，American School 有考卷必須要做完後寄回美國，他們幫你批改分數，最後會有畢業證書。

用三段卡學習地球物理。

另外還有幾個新北市的自學家庭使用美國Bob Jones 大學出版的DVD課程，家長只要照著進度

放教學影片,有教師手冊協助家長指導孩子作練習本。此外,越來越多的美國自學課程透過網路來進行,像臺北市有外籍老師在協助高中自學學生使用 Sycamore Academy 的線上課程。除此之外,英國的 InterHigh School 、加拿大的 Heritage Christian Online School 和澳洲的 HomeSchool WA 也都有提供自學學生線上課程。

不過像 American School 或 Bob Jones 大學的 DVD 課程都很嚴謹,必須按照每個禮拜的進度,經常弄得家庭氣氛很緊張,如果有什麼活動要出去玩,就沒有時間完成規定的進度,結果就變成需要利用週末假日補課。也許會有人覺得這樣違反自學原則,但實際上,自學本身也是很多元的。

雖然我同意蒙特梭利的教育理念學習不應該一板一眼照表操課,而是要依照孩子的興趣和能力來安排適性學習,但實務上,這樣的安排,家長需要花很多力氣和時間備

用 Sonlight 教材就是要愛讀書。

課，因此制式的課程可以幫助更多的家長和孩子選擇自學，重點是家長有選擇結構開放或嚴謹課程的自由，孩子不被強迫去學校接受一樣的教育。

　　我們家就是那種學習自主性強烈，課程只是用來服務學習，不想成為課程奴隸的自學家庭，而我們也認識不少為孩子安排嚴謹課程的自學家庭，可見自學並非只有一種典範或標準模式，家長必須根據每個孩子的特性和自己的能力選擇最合適的課程和學習方式。

哪一種材料會吸水？Sonlight實驗之一。

自主學習

　　Sonlight除了提供教材和書本之外，也提供1年36週的課表，有每週上課4天或5天2種版本。雖然我們選的是每週上課5天的課表，但因為課程進度可以自己安排，選擇哪幾週或哪幾天上Sonlight以外，像是中文或波蘭文的課，還是逢臺灣和波蘭的節慶要休幾日，多少會影響到進度。基本上我們只是照著課表的順序，而非

亞洲大陸檔案夾的圖卡。

課表的時程來進行，因此1年課表可能要多半年才上得完。

　　對我們來說，Sonlight最適合我們家的是不強迫孩子的進度，不像其他一些課程每天都需要做作業，而這個課程給學生和家長較多的空間，很有彈性，可以增加自己的素材，不需要做完它所提供的所有內容，可以根據自己的需求加以運用，像我們還外加原課程沒有提供的臺灣和波蘭的歷史、地理、語言及數學教材。由於Sonlight課程本身並不包括數學，因此家長可以在他們的網站上選購包括新加坡數學、Saxon和Horizons等9種不同數學課程，但最後我們決定自己來統整臺灣、波蘭、美國和加拿大等的數學課程。

　　Sonlight每階段的核心課程（Core）都會有一個主題，例如明秀之前學過的Core F就是在談亞洲和澳洲，其中包括地理、歷史、重要人物和亞、澳洲比較重要的國家介紹。反觀臺灣的社會科課程，基本上是走馬看花只接觸到一點皮毛，沒辦法深入了解學習的內容。以Sonlight課程Core F來說，這一年就是要完全搞懂亞洲，很深入的去了解，前一年先搞懂美洲，很深入的去探討，後2年探討從史前文明到現代史的世界歷史……所以教材內容就很仔細，也會將地理、歷史、文化和文學融合在一起，整體了解這個主題的內容。

不用教科書的課程

　　Sonlight標榜不用課本，也就是所謂的教科書，它的讀物都是用坊間出版的書籍，其中最主要的來源就是百科全書、圖解百科全書、歷史故事書或是小說，比如歷史小說，內容講的是真實的歷史，但是用故事的方式敘述，就好比我們透過《三國演義》去學東漢末年的歷史和地理。不過這個課程選的歷史小說會依據年齡來選擇閱讀的內容，而不是用原著，譬如學古希臘時代並不需要閱讀荷馬的史詩《伊利亞特》，而是一本1952年出版的現代小說《特洛伊戰爭》，也可以觀賞2004年由布萊德彼特所主演的電影《特洛伊》。不過，這些故事的時空背景會忠於原著，包括人物的名字、事件的發生經過等。

　　此外，孩子會把世界文明在同一時期所發生的事情寫在同一條時間軸上，這樣就會知道在2200年前秦始皇

桌上遊戲的高度要孩子自己可以拿得到。

蓋萬里長城時，美洲的馬雅文化正在起步，而阿基米德在希臘研究科學，孩子就會有比較宏觀的視野，不會只知道一時一地的事而受到侷限。

反觀，在臺灣學中國歷史的時候，會覺得只有幾事件跟西方世界有關：馬可波羅、八國聯軍和鴉片戰爭。但歷史並非如此單純，很多事件是全世界在同一時期發生的。

除了歷史、地理和閱讀之外，Sonlight還有涵蓋物理、化學和生物的科學課，到了 Core F就有人體的器官和基因等等。每個學科都有附上學習單，要回答這些問題不能只抄書上相關的章節，而是要用到其他領域和之前學過的知識，和臺灣段考常用選擇題差很多。Sonlight的學習單都有提供參考答案，所以家長不需要花太多時間研究出答案。此外，Sonlight 每年都會更新他們的學習單，還有使用者論壇可以提問並獲得支援，或是指出學習單內容的錯誤，也會得到出版社及時的反應。

除了學習單外，Sonlight還有許多學習領域相關的專題建議，例如在學印度時，孩子可以計畫到印度旅遊時，去看哪些名勝古蹟要如何安排交通路線，或是上網找食譜做一道印度菜給家人吃，還是做一張印度節慶的年曆，並且說明每個節慶的由來和意義。

雖然這套課程的設計是有從學齡前3歲一直到大學預科18歲的順序，不過當初我們在選購教材時，就是跳著買。因為 Core D 和 E 內容都是關於美洲，包括美國的歷史和地理，但是我們並不需要對美國了解這麼深，所以就跳過去。

不過還得加上臺灣跟波蘭的部分。波蘭的部分包括閱讀歷史小說而臺灣也有漫畫臺灣史，一樣把重大事件記錄在時間軸上。Sonlight還有一個好處就是教材可以分開買，歷史和地理是一套，數學是一套，科學是另外一套，宗教則是另外一本，比較方便選用。由於我的宗教課是用波蘭文的《聖經》上，所以我也沒選用他們的宗教教材，但他們的Core C英語讀本中有關於《聖經》裡的一些故事也講述到歷史，明哲會大聲朗讀給自己聽得津津有味。

孩子和父母互相唸書給對方聽

美國的自學課程是全英文的環境，家長要先考慮自己和孩子的情形再選擇合適的課程。像Sonlight這類以閱讀為主的課程就有很多較長的故事需要媽媽唸給孩子聽，所以有很多時間花在爸媽和孩子互相唸書和唸文章。

不過Tim比較少唸給孩子聽，因為他唸的時候，明哲會覺得他唸得不好聽，或是他唸一唸，孩子就睡著了，或者是因為他白天工作太累，聽明哲唸書聽到一半就睡著了。

我們以前曾辦過兩次臺灣國際自學博覽會，意外發現有好幾個臺灣家庭也使用Sonlight這套教材，我們原本想要跟另外一個家庭合作上Core F的課程，包括亞洲的歷史、地理和文學，可是後來因為2個家庭距離太遠，以及時間配合上的問題，就沒有成功。

其實我一直都想要把臺灣和波蘭的歷史教材編成像Sonlight這樣的課程。我們曾找過一個臺灣的自學家長一起做，這個家長也很喜歡看書，他們家裡藏書非常多，可是一直沒有辦法實現，因為大家每天都忙著教自己的小孩。其實，Sonlight這套教材就是由美國兩位自學媽媽為了幫自己的孩子設計一套有國際觀的課程而發展出來的。

我一直想把波蘭和臺灣的歷史做成一個課程，先以波蘭和臺灣的濃縮史書為基本架構，再加上圖解歷史百科和歷史漫畫，搭配相關的歷史小說，以史書為主軸，設計出涵蓋其他本書的學習單，不過單靠自己的力量真的不容易做到。

但最後我的理由是，相較於英文書，正體中文比較匱乏這類書，例如像科普書，英文書很容易找到類似DK和Usborne這類非常漂亮的書籍。在中文書方面，像臺灣或中國的歷史和地理圖解百科，適合不同年齡閱讀的書籍是這幾年才開始有。目前這些史書、工具書和歷史故事書之

在臺灣的波蘭人聖誕節彌撒擔任祭祀。

13世紀條頓騎士團的Malbork古堡。

波蘭萬聖節Andrzejki用融化的蠟來算命是一種風俗。

參考華沙郊外的Kampinos國家公園地圖。

明哲在台灣首領聖體（Pierwsza Komunia）

對天主教徒來說，在望彌撒中領聖體是一個非常重要的儀式，而第一次領聖體更是格外重要。在波蘭，小學生在8歲開始準備上首領聖體的課程，由於幾乎每一位小朋友都參加，所以教堂裡的神父會到學校的班上上課。課程包括各種祈禱文、十誡和其他誡律等，為了讓孩子充分了解領聖體的意義和重要性，這是一個長達數個月的學習課程。

雖然我平常在家用波蘭語幫明哲上宗教課，但是準備首領聖體的課還是得由神父來帶領。況且和明哲同年齡住在臺灣還有兩位波蘭籍的小男孩也想要上這樣的準備課，於是我去找輔仁大學華裔學志漢學研究中心主任魏思齊神父（Ks. Zbigniew Wesołowski）幫忙。波蘭籍的魏神父來臺灣已經10多年，除了每年聖誕節前會籌備在臺灣的波蘭人聚餐外，在復活節前也會主持傳統的祝福儀式，是凝聚在臺灣的波蘭人情感的重要精神支柱。

從2010年9月開始，隔週的星期六下午，我從新北市南邊的新店區開車載明哲到新北市西邊的新莊區輔仁大學，去上2小時用波蘭語進行的首領聖體準備課，另外2名波蘭籍的小男生分別從臺北市的北區和東區過來，一直進行到2011年4月，明哲的外公和外婆專程從波蘭來臺參加明哲的首領聖體儀式。此外，還有明哲的阿公、阿嬤和姑姑們，以及許多在臺灣的波蘭籍朋友們都出席這個儀式。雖然我們沒有住在波蘭，但明哲仍然可以和他的波蘭朋友一樣，用波蘭語上準備課及進行首領聖體的儀式。

明哲準備首領聖體儀式。

從波蘭神父手中首領聖體，外公和臺灣的祖母和姑姑都來參加。

間都還沒有連結,基本上要有大人去把這些書看完,然後再整理出問題,這是我未來想要完成的波蘭和臺灣的歷史課程。

明哲和明秀除了學中文和波蘭文之外,還得認識臺灣和波蘭的歷史、地理及生活文化,像是過年要拜年、端午節看划龍舟比賽,中秋節全家團圓賞月,和波蘭的節慶如復活節和聖誕節,需要特別準備的食物和彌撒儀式。

歷史不一定只在書本內,我們會在重要的日子帶孩子去參加活動,像是228事件紀念活動和華沙(波蘭)貿易辦事處主辦的5月3日波蘭憲法日國慶酒會,向孩子解釋這些日子的意義。我們每次回波蘭就會去探索不同的地方,參觀當地的博物館,並讓孩子跟外公外婆聊歷史上發生的事件。

臺灣自學受限於缺乏本土教材　by Tim

　　在臺灣沒有本土教材對自學發展是一個很大的限制，因為沒有立即可用的教材，使得大部份家長必須依賴學校的課程，然而學校課程並不見得適合每一個自學家庭。學校在選部審教科書的最高指導原則是「好教」，如果不好教就沒有人要選這個版本，像基北區從2007年起搞一綱一本，沒選上3年都不用做生意小公司就只好關門，所以出版商在編寫部審教科書唯二的指導原則就是好教和符合課綱要求。對大多數學校老師而言，符合傳統上課方式的教材最好教，因為老師們已經習慣把課程切割得細細碎碎的，一段一段25分鐘內可以講完一單元才有時間做班級管理和隨堂考試，所以只要符合這種好教的條件就是好的教科書。

　　但這種以「服務教學」為導向的教材設計長期發展下來的結果，即使是不同版本的教科書都長得非常像，可是對自學或一對一或一對少的教學環境來說很不好用，因為課程規劃被切割得太厲害，缺乏延續性，沒有系統性，除非你家的環境跟學校一樣，每40分鐘就打一次鈴去上廁所，不然，那種教材會很難用，家長使用起來會非常痛苦。

　　第二，學校課本的內容真的少得可憐，真正的精華是在所謂的備課用書裡面，它的目的是讓老師跟學生家長之間產生　種資訊的不對稱，才能夠鞏固老師在課堂上的權威。我曾把書商提供的備課用書和課本一比，發現備課用書裡面才有我預期可用的教材，課本根本就只是薄薄幾頁的練習本而已，所以家長若只是靠課本根本沒辦法教，因為內容太匱乏了，一定要有備課用書才能教。然而，整個教科書市場管制得滿嚴格，因為政策上不想讓安親班也有備課用書。所以自學家長也不易取得備課用書。若自學家長不知道這個真相的話，天真的拿著學校發的課本要開始自己教小孩，就會無以為繼，因為根本沒辦法教。家長或許會想，那靠參考書總可以吧？但實際上，

靠參考書會更慘，因為一般參考書的設計都是為了應付考試一再反覆練習解題，對學習知識一點幫助也沒有。以美國的教科書為例，教科書就是厚厚的一本包含所有內容，所以孩子或家長真的只要讀課本就夠了，可是臺灣的課本不是這樣，無法單靠課本自學。

再說，如果沒有本土課程和中文教材，對大部分家長來說，自學還是有諸多限制，除非家長有足夠的英文能力可以選擇美國出版的英文自學教材，倘若依賴中文的話，就很難選擇教育部審定以外的教材。

在臺灣的自學家庭能夠獨立使用英文教材的人數十分有限，第一是因為家長和小孩本身都需要有足夠的語言能力才能掌握教材，即使小孩的英文程度比媽媽好，還是無法有效使用英文教材，當然家長也可以聘請有英文教學能力的家教來幫助孩子使用英文教材，但並不是每一位英語外師都能勝任。

第二，是孩子高中以後的升學問題。一般認為使用英文教材是為了出國留學，讀英文教材的孩子沒有辦法面對臺灣的升學考試。不過，我認為這是一種迷思，若孩子真的懂得這門知識，大概只要花1、2年時間準備升學考試就夠了，又不是古代的科舉考試，不需要花10幾年準備。孩子的教育應該以學習為主，最後如果他決定要在臺灣升學，就把學測的考古題拿出來做做看，比較跟他懂的知識差多少，再調整一下就可以了。當然，這種做法要考到滿級分並不容易，但只要學測持續朝觀念統整的命題方向，那麼對有實力但不求考高分的孩子來說，仍有機會在臺灣升學。很高興看到教育部從2014年起開放特殊選才，讓各大學以單獨招生方式進行小規模試辦，以免考學測的方式招收有特殊才能、經歷或成就之學生。2016年有21所大學辦理，將招收151名大一新生，像是國立清華大學就以這個方式連續兩年免試錄取高中自學生。

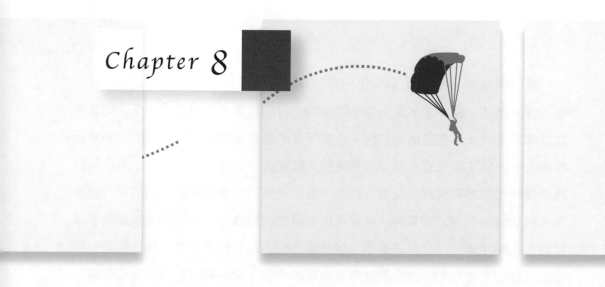

Chapter 8

☑ 同胞姊弟，學習不同調

— 專題做五個月的姊姊vs.主題只能維持一週的弟弟

— 中波英三語並行的學習

　　雖然同樣是我懷胎10個月生出來的孩子，但是明秀和明哲真的是兩個很不一樣的孩子。基本上，這兩個小孩雖然出自同樣家庭、同是混血兒、同是多語言環境下長大，但是因為性別、性格等等的緣故，其實整個發展的方向和過程完全不一樣。明秀從小就可以長時間、穩定做一件事情，明哲從小唯一可以穩定長時間做的事情就是玩樂高積木，但是明秀可以長時間且穩定的進行很多事，包括剪紙、做海報等等，她都可以長時間持續進行，所以很多專題報告都是明秀先開始做，而且做了很多。但是明哲的方式就很不一樣，他比較沒有辦法用這樣的方式學習，需要不斷餵養他新的內容，因為他就是沒有辦法在同一件事情上耗太久。

專題做五個月的姊姊vs.主題只能維持一週的弟弟

　　明秀的專注力強，從小就喜歡追根究柢，因此可以用主題式的方式學習，可以1個月、幾個月都在做同1個專題；但明哲沒辦法集中注意力在單一主題上，最多不能持續超過1周。明哲不習慣坐著寫東西，因此沒有辦法做練習本，而最適合他的學習媒介是多媒體影音資料、電腦和聽讀，所以我們要找合適的教學軟體或網站。

自學就可以獨享社區的遊戲場。　　　　明哲從小就迷上樂高積木。

恐龍主題的學習套件包括製作紙模型。

玩拼圖學波蘭地理。

比如，在學習太空和天文這個主題上，明秀5歲開始先做一個太陽系行星的大海報，之後編了一本12星座的小書，接著做了一幅長達4公尺的雙面太空探索大事記的時間軸，最後在10歲前花了7個月的時間，完成了一本厚達160頁的太空、天文和宇宙的報告。而明哲從6歲開始花1、2天的時間做過圖型和數字的3語字彙小書及顏色的3語海報，之後花了1週的時間完成澳洲和地形3語字彙的地理專題報告、後來用2周時間完成食物群組專題報告和近1個月的時間完成汽車主題的報告。

明秀小的時候，我們還沒有開始用像Sonlight這類的課程，因此我們讓她全心投入她有興趣的主題，而且有充分的時間可以去完成長篇幅的報告。而明哲對同一個主題的學習很快就會失去興趣，因此透過課程的安排可以不斷嘗試不同的主題，若他對其中一項有興趣，我們仍然可以花多一點時間來深入學習。例如，明哲目前正在學不同種類的動物，而他的學習成果最後會集中成為一個動物主題的學習報告。某種程度上，我們現在其

整理郵票認識波蘭歷史名人。

用拼圖學習美國地理。

公共電視介紹過這個超過4米長的太空探索時間軸報告。

練習波蘭語的自然發音法。

實還在摸索明哲的學習風格,並且想找到一個比較適合他的學習方式,而明秀在14歲時的學習方式已經趨近成熟,我只需要和她討論主題的範圍,她就可以獨立進行研究並決定最合適的呈現方式。

針對孩子特性備課

　　每週日下午或更有可能是在週一凌晨,是我準備明秀和明哲1週課程的時間。自2011年秋天以來,我一直試圖遵循更嚴謹的上課時間表,所以我會先安排一個週課表,來顯示一週內每一天應該和他們上課的科目。雖然我嘗試著遵循這個課表,但並不保證每週都能如願以償。

　　此外,我也用Home-school Tracker這個軟體來進行長期的課程規劃。我只需要每幾個月一次,取出要教明哲和明秀的教材,分科目依序把章節或頁碼輸入後,我就可以在電腦上查詢他們的課程內容,或是把已完

用大型數字卡學習萬以下的位數。

成的課表印出來，這個功能對期末要繳孩子的學習狀況報告書給教育局時非常有用。

　　有個書面的教學計畫，以孩子需要學習的內容依序排列，對我頗有幫助，因為我不需要再擔心忘記教應該教的內容，這對教像明秀這樣中學階段的自學學生非常重要。

　　每個星期天，我會打開 Homeschool Tracker 看下週的學習計畫，然後把明哲每天會用的教材分好，明秀的部分則是整週的堆疊起來，讓她依據我們當天的計畫來選擇她自己想學習的內容或是我需要和她一起做的功課。明哲需要分配好每天的量，他才不會覺得功課多到做不完，而明秀長時間專注於一個科目上的學習效果較好，因此她每天只學 2～3 個科目。

　　明哲的教材會以天為單位分裝在透明的夾鏈袋內，上面寫著是星期幾要拿出來做。如此一來，他每天早上只需要從書架上取下當天的夾鏈袋，就知道自己當天有多少功課要完成，一天結束時，看到空的夾鏈袋就很有成就感，知道他可以去做他想做的事，像是騎腳踏車、玩樂高或玩電腦。

　　這幾年下來，我嘗試過許多不同的方式來安排孩子的課程，有些方式還滿持久的，但也有些只維持一小段時間。例如，明秀 6、7 歲時，她喜歡自己選擇要學的科目。因此我會準備一個盒子，裡面放入寫著不同科目的小紙條（寫著數學和語言相關科目的紙條比寫藝術和遊戲的多），明秀從箱子抽出一張紙條做為她要做的科目。我準備了另一個檔案夾，裡面有每個科目需要完成的作

業清單，明秀只要依序完成檔案夾內抽到科目所指定的作業就可以了。

　　明秀長大以後，因為她很有自制力，於是我開始用單張紙一天一頁寫下她每天需要完成的功課。她完成之後，可以自行打勾，並把做好的功課放成一疊讓我檢查。但這種自我安排進度的方式對明哲不適用，所以我一開始就坐在他的旁邊盯著他，照我安排的進度做功課。可是這樣的安排讓他很焦慮，因為他不知道功課還要做多久才能去玩。經過幾個月，我開始在前一天晚上把隔天要做的功課放成一堆，讓明哲早上起床後就能清楚知道當天要做的功課有多少，可是這樣我每天要花很多時間在備課，過了一段時間後，我就決定改成每週備課一次。

　　我喜歡先把孩子要上的課程內容準備好，因為我若沒做，就會浪費很多時間；假如孩子和我起床後都不知道當天要做什麼，我就得一直回答同一個問題：「媽媽，我現在要做什麼？」

從小讓孩子練習使用日常生活工具，如廚具等。

明哲單手完成動物分類的練習。

如何教單手男孩

　　自從明哲的右手臂在2012年1月滑雪時被撞傷骨折後，我不得不改變我教他的方法。他不能寫字或練習鋼琴演奏，也不能照顧寵物或幫忙撿東西，更無法在廚房裡，花園裡和房子周圍幫忙。

　　雖然一個月後他的狀況有好轉，但仍有許多健康兒童父母視為理所當然的事，例如穿衣、洗澡、刷牙、整理床鋪、穿鞋、做三明治、準備點心、整理書包、帶狗去散步等，還是需要我幫他做。所以現在我可以看出過去有多少事情是他自己做或是幫忙做，而現在我得花多少時間協助他打理這些雜務。感覺上這個9歲的男孩又變成了一個幼兒。

　　可是這樣的孩子該如何教呢？幸好我們是在家自學，否則我真的不知道他該如何適應以書寫和考試為主的學校教育。在家裡，我可以調整我的教材和教法來配合他一時的不便。即使不能練習寫字，但我們還是有許多功課可以做。例如增加他的閱讀時間，我也讀多一點書給他聽，然後一起討論我們讀過的書和故事。我可以再次複習一些早已被遺忘的蒙特梭利教材（如三段卡）、拼圖、語言和數學遊戲。我們也用字母卡練習拼寫波蘭文和英文，學習中文字和操作其他不需寫字的語言學習教材。

　　最近明哲用電腦上網的時間也增多，他會用Khan Academy學數學，去JumpStart和Lego.com玩遊戲，並在「快樂的學華語」網站上聽和讀中文的故事和在YouTube上看各種主題的影音材料。

　　明哲也會旁聽我和明秀的課，像是我們一起讀波蘭的歷史，古代羅馬的故事和DK出版的 *Cool Stuff* 科普書。

　　我以前從沒想過，只要把課本放下，拿出有趣的東西，即使孩子不能寫字，一樣能做出豐富的課程。

中波英三語並行的學習

　　雖然我家的2個孩子學習基調很不一樣，明秀是專注而長時間的作同一個專題研究，而明哲則是每週都有不同的新主題，但是他們的學習上有個共通點，那就是：中文、波蘭文和英文3種語言的內容並行。

　　像他們還是嬰兒的時候，我和Tim唸給他們聽的繪本是3種語言的書都有，剛開始幼稚園教育時，我為他們準備的三段卡，也是先買了一套中文的「三段卡」，又自己做了部位名稱的英文和波蘭文字卡，於是單語教材就成為符合我們家需求的3語教材。

　　學習語言時，我要他們寫的小日記，也是3種語言輪流書寫，所以他們的3種語言使用都很流暢，比如明秀在9歲時，就曾以波蘭文寫過懷念阿祖的詩，12歲

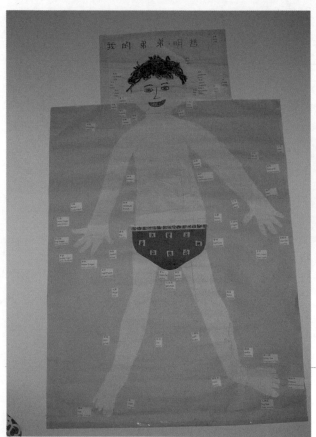

明秀9歲時以3種語言完成和明哲實體大小一樣的人體部位名稱海報。

時以波蘭文在網路上發表一篇介紹臺灣的短文，讓她的波蘭朋友知道北臺灣哪裡有好玩的地方。在中文方面，明秀在12歲時應邀向全國教師會理監事會報告她在家自學的經驗。明秀在14歲時以英語在2012年臺灣國際兒童影展上發表入圍感言，18歲時以全英語接受臺灣宏觀電視的Taiwan Outlook節目專訪，以全華語接受TVBS看板人物節目專訪。明哲從2013年起，也開始用英文寫部落格My Newsroom <jasnewsroom.blogspot.tw>，並在2016年開始跟他的共學夥伴共筆英文的部落格 Out and About <http://outandaboutmj.blogspot.tw/>。另外在日常生活中，不論是在臺灣、日本、波蘭或加拿大，明哲都能靈活使用華語、波蘭語和英語等3種語言溝通無礙。

　　到了孩子們開始做主題報告時，我也要求他們在名詞說明時，一定要同時使用3種語言，例如明哲的地形報告和明秀的五官及人體器官等報告，目的就是要讓孩子多練習而後能嫻熟使用這3種語言。

明哲教明玲，兄妹共同學習樂趣高。

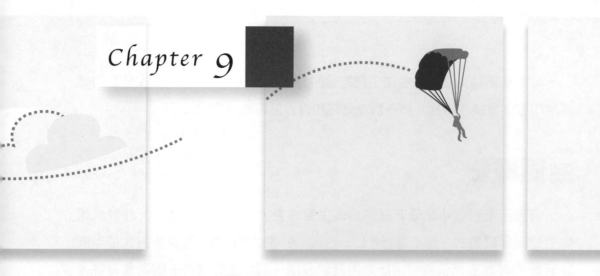

Chapter 9

☑ 孩子們這樣學

— 主題報告

— 在旅行中學習

前面章節陸續提過一些孩子們學習的方式，這一章，我想和大家分享的是深度學習，且能有效提升孩子獨立研究和資料呈現能力的方法。

主題報告

明秀和明哲從小學低年級開始做主題報告，首先我會和孩子一起討論報告主題及呈現方式，包括海報、Lapbook、小書或照片集，而呈現方式多半取決於我們可以取得的素材。比如說我們要做一個旅遊的報告，因為會有許多

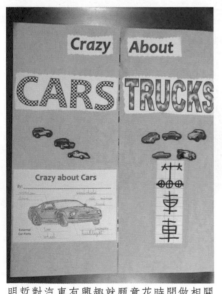

明哲對汽車有興趣就願意花時間做相關的 Lapbook。

照片、地圖、車票、景點簡介等，我們可能會選擇用 Lapbook 或照片集的方式來呈現。如果要整理孩子用中文、波蘭文和英文學過的人體器官名稱就會選擇海報。

由於主題的決定是和孩子的興趣有關，因此明秀和明哲所做的報告就不一樣，像明秀做過 4 個與天文學和太空有關的報告，而明哲做過汽車和卡車、食物群組以及火山結構的報告。明哲的專注力時間較短，所以他的報告會比較精簡，在幾天內就可以完成。明秀的報告規模就很大，

通常要好幾週才可以完成。明秀在小學階段每完成一個報告，我們就會徵詢她設籍班的導師何時去學校和班上同學分享她的研究報告。老師通常會建議在段考結束後，老師無需趕課且同學沒有考試的壓力時去，一方面明秀會得到成就感，二方面則可以訓練她的表達能力。上了國中之後，由於班上幾乎沒有一天不考試，所以明秀也就沒去和同學分享，現在明秀不但能自己決定報告主題和可以獨立完成，還能協助明哲完成他的報告。

即使是自然科主題報告，也可以讓孩子自己設計封面來培養創造力。

Space Project　by 明秀

　　受到我當太空科學家的外公影響，我從小就對太空有興趣。有一天媽媽送我一套和太空有關的資料*Eyewitness Space Project Pack*，裡面有很多太空人和太空船的照片、以及和他們相關的剪報資料，於是我們就開始腦力激盪要如何用這些材料來做一個和太空有關的報告，最後決定做一個人類探索太空的時間軸。

　　時間軸呈現從1953年蘇聯發射載著兩隻猴子的火箭進入太空到2004年第一次由民間發射太空船進入太空，比較特別的是我們的時間軸是文圖並茂，而且圖說部分是我第一次用電腦，一個字母一個字母慢慢地打出來，我還曾經在2007年公共電視「下課花路米」節目中介紹過這個報告。

食物群組　by 明哲

　　我從《Usborne網路連結第一人體百科全書》（*Usborne Internet-linked First Encyclopedia of Human Body*）上學到吃健康的食物。我也從網路上學到關於食物群組和健康食品。

　　我媽媽告訴我，我可以做出不同的食物群組的海報。我用了很多食物照片的貼紙。我還做了一個和食物群組有關的小冊子，並且完成一些Enchanted Learning 網站上的工作單。完成後很有成就感。

製作太空探索報告花了幾個月收集資料。　還要收集這樣多的食物貼紙才能完成報告。

要吃不同群組的食物才會健康。

☁ 臺灣的邦交國—專題報告　by 明秀

大約2年前，我媽媽想了一個和臺灣的邦交國有關的專題報告，這個報告在今天終於實現了。

放暑假前，我在外交部的網站上找到跟台灣有外交關係的國家名單。

我和媽媽一起構思相當長的一段時間，想該如何呈現這個資料。我嘗試讓呈現方式不但有原創性且具藝術性，一開始決定用小小冊子黏在台灣地圖上，但後來改成黏在世界地圖上。

我花不少時間在計算小冊子的尺寸、頁數和折疊方式，但花更多時間把我找到的資料都塞進小冊子裡，以下是他們的目錄：

第1頁：國旗和中文國名（有些我得縮短他們的名字才擺得下）

第2頁：以該國語言書寫的正式國名

第3頁：該國領土的輪廓

第4頁：人口數（梵蒂岡僅820人）

第5頁：國土面積（梵蒂岡只有0.44平方公里）

第6頁：貨幣

第7頁：語言

你知道嗎？天主教教宗所在的梵蒂岡是台灣的邦交國之一！

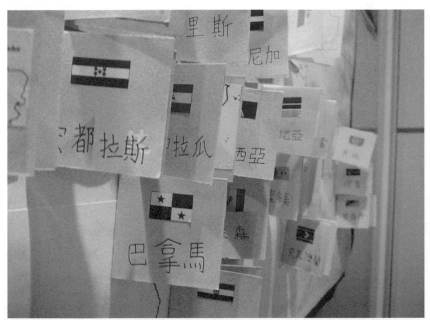

知道邦交國的國旗，就知道是哪國元首來訪。

臺灣邦交國多集中在中美洲和大洋洲。

在旅行中學習

　　旅行，尤其long stay，是最能深度認識一個地方。我們在安排旅行時，都希望能帶入學習歷史、文化和地理上的知識。波蘭，當然是我的第一選擇，我們就盡量每年去波蘭一次。我們在波蘭的旅行，時間都會很長，可能至少1～2個月，而且會挑不同的時間點前往，主要是想讓孩子看到四季不同的情境，不管是自然的地理情境或人文的節慶等等。

　　在波蘭，我們最主要的基地是外公外婆家，此外，如果是暑假，我們會去波蘭東北邊的湖區，租民宿住約2個禮拜，民宿很大，就在湖邊，湖約4公里長，500公尺寬，湖邊只有10幾戶人家。在那2個星期間，每天就是看看書、

波蘭森林裡的湖中出現了一隻三頭六臂的水怪。

游泳、划船、踩水上腳踏車（類似新北市新店區碧潭那種，但是在碧潭泛舟實在是太擠），孩子們也喜歡在森林裡騎馬。此外，我們也會在那邊碰到其他家庭，或是跟幾個朋友家庭相約在那邊相聚，因為波蘭人的房子都不大，而且歐洲人非常重視暑假，所以我們相約在湖邊，讓我們幾家的孩子有機會深入交往。

　　每一次去波蘭，除了外公外婆住的首都華沙附近，我們也會去看別的城市。波蘭的面積比台灣大10倍，又沒有高速公路，即使開車也要很久才能從一個地方到另一個地方。有一年，我們去波蘭北邊最大的城市Gdańsk港，除了參觀城裡的幾處名勝外，因為是開車，還能機動停留在我們感興趣的景點，例如城堡、教堂等等。波蘭南邊是山區，我們也開車去遊歷一些著名的地方，特色城

位於波蘭東南部Bieszczady，建於18世紀的木造東正教教堂。

明秀幫大家挖出一條出門的路。

市、國家公園等等,比如我們去過古都克拉夫(Kraków)、山城Zakopane。兩年前,我們去了波蘭最偏遠、人煙最稀少的東南邊角落旅行,認識到當地特有的東正教信仰和教堂建築風格。基本上,我們每一次都去不同的地方旅行,因為每個地方的文化都不一樣、人文環境和地理景觀也很不相同,這是我們希望孩子能學習的一點。

其他國家的旅遊學習

我和Tim都喜歡滑雪,明秀、明哲也從小就開始滑,所以我們每年冬天會去有雪的國家滑雪,一開始是去5天、10天,從3年前開始,每次會去住約1個月,如此一來就不需要天天拚命滑雪,就可以進行一些比較深度的旅遊。比如上次去日本,我們租了一間休業的民宿,這樣的生活經驗就很豐富。

Tim和明哲在自掃門前雪,但雪還是積得比人高。

大家一起在日本野沢溫
泉學編籃子。

　　這間民宿很大，有10間房，我們跟一個澳洲家庭共同分攤費用，我們先到，住1個月，他們比我們晚到，只住2星期。雖然空間很大，平常各住各的，但還是會一起在客廳、餐廳和廚房互動，晚上小朋友就會一起玩牌、聊天、講故事。因為房子主人不在，所以必須自己打點各種事情，就完全是生活在當地的感覺。像日本新潟縣下雪可能一天就下一層樓高，所以早上起床後房子就被困住了，沒有路出去，就得靠自己在雪堆中挖出一條路來，所以我們全家大小每天早上得一起鏟雪。此外，因為房子老舊要靠點煤油爐取暖，若睡覺前忘記加油，早上起床室內溫度可能只有5度。類似這樣的當地人生活方式，只有親身體驗過才會了解，如果是參加旅行團、住旅館，完全沒有這種體驗的可能。

　　此外，因為停留時間長，就會認識鄰居，明哲、明秀就認識附近民宿老闆的小孩，他們年齡相當，就容易玩在一起，馬路結冰很滑，他們當成雪橇滑道衝得不亦樂乎，像這樣的經驗只有長時間停留才會碰到，而且是無法事先安排的節目。

　　2009年，中華民國滑雪滑草協會遴選出包括明秀在內的6位有潛力的小選手去日本長野冬季奧運比賽場地的野沢溫泉（Nozawa Onsen）接受1個月的移地滑雪訓練。我和另一位協會教練帶他們一起去，我們特別安排小朋友去日本學校，體驗日本學生如何上課，跟日本小朋友交流，這幾個臺灣孩子也參與了地方上編織籃子手工藝課程、學習越野滑雪和參加野沢溫泉小學校冬季運動

會……等當地特有的活動。所以每次出國都有很不一樣的體驗。

　　我們選擇常去日本，很重要的一點是因為 Tim 的日文能力足以跟當地人溝通，而且他有要好的日本朋友，所以對日本人的文化和風土民情有些基本認識，即使我們在日本住得比較久或住在比較偏遠的地區時，也都不用擔心生活和溝通的一些問題。我覺得，帶孩子做深度旅遊時，家中有人擁有足以與當地人溝通的語言能力，以及了解當地風俗民情，是非常重要的一點。但是，讓孩子事前做點功課，也是很重要的。

在零下 20 度的魁北克老街上等跨年夜人潮的湧入。

　　比如，2011 年底去加拿大，也有很不一樣的體驗。前往加拿大之前，我決定讓孩子更深入了解這個美麗的大國，於是從 Enchanted Learning 網站上下載一些給明秀和明哲的學習單。明秀還上維基百科搜尋有關加拿大所有省份的資料，完成她填寫每個省和地區的學習單，同時還製成圖表，比較每個省的面積和人口。

　　明秀和明哲很認真地學習有關加拿大的地理，因此在旅行中，他們對

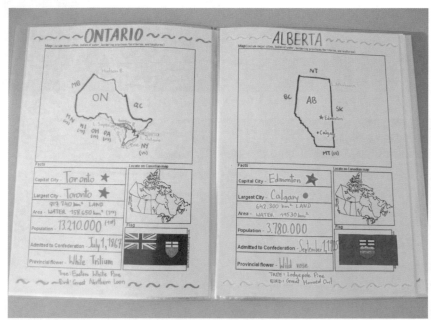

去加拿大前要先做過各省學習單。

2012年加拿大旅行Lapbook。

雪多到連只剩一隻手的
明哲也得來幫忙。

☁ 最難忘的旅行　by 明哲

　　我印象最深刻的旅行是我們在2011年底去加拿大,這是我第一次坐直飛16個小時的飛機 ,第一次到美洲,第一次看到美國但還是沒進去美國。原本我要去加拿大滑1個月的雪,但只滑了5天就因為發生意外而不能再滑。這也是我第一次在雪場上被撞到,需要別人來救我下山,也是我第一次手臂骨頭斷掉。以前我以為躺在擔架上被雪地摩托車拖在後面會很舒服,實際經驗卻發現雪場凹凸不平,擔架晃來晃去把我斷掉的骨頭撞得更痛。這也是我第一次進急診室,第一次坐輪椅,也是我第一次照X光。我以前以為X光會照出很亮的燈,會有1台相機要花很多時間在拍,後來發現我只要站著一下就好了。雖然我這個雪季只滑到5天的雪,但等我斷掉的手好了之後,隔年還是繼續再滑。

　　我們造訪的城市如多倫多和渥太華,或是開車經過的蒙特婁,都有一些認識,也清楚瞭解我們所在的魁北克市旁的一大片結冰的水面實際上是一條河,而不是海或是湖。

　　我們不論到哪裡旅行都會帶著功課,這次去加拿大時原本就安排要學習古羅馬時期,在旅行中,剛好參觀到魁北克文明博物館,那邊同時有好幾個不一樣的展覽,其中一個是關於古羅馬時期的文物及生活方式,因為和孩子的學習內容相關,他們也很興奮想參觀這個展出。我們4個人一起進去,我和Tim一整個博物館都快看完了,孩子們卻還在看古羅馬特展,因為展出的內容有很多

是可以跟他們在學習到中古羅馬歷史互相印證，所以真的要很仔細的看，這一方面是我們孩子的個性，另一方面也是跟他們養成的學習方式有關。換成在臺灣學校的校外教學，可能就是孩子走馬看花很快地逛完一圈，抄抄學習單交卷了事就結束了。

此外，博物館為了這個特展還特別開發了一個App，可以事先下載或當場租借iPod使用。這個App是英語和法語雙語發音，其中有個遊戲，遊戲邀請參觀者扮演偵探，要根據App裡面的提示和依據展出文物所提供的線索，來尋找答案。例如在某個古羅馬時期的文物上面會有一些文字，孩子得要在展覽廳裡根據App給的提示找出文物放在哪邊，找到文物後還得找出那段相關的文字才能過關，一邊解謎，一邊參觀，所以孩子們玩得不亦樂乎。即使沒有App，去參觀展覽前，我都會準備一些學習單給孩子帶去，要他們找出展覽中的幾幅畫和作品，或提出問題讓孩子思考、回答。

臺灣小旅行

既然住在臺灣，深度了解臺灣是一定必要的。

臺灣的自學家庭會組團去到各地參訪，我們曾參加過幾次由熟悉臺灣史地的陳建一老師帶領的親子遊學。出發前建一老師會為家長們舉行一個行前說明會，討論要去的地點和注意事項。一般行程大約3天2夜或4天3夜，由老師

明哲手裡 拿著地圖在練習當導覽。

負責包1輛遊覽車，一行人浩浩蕩蕩地從臺北市出發，有點像校外教學。但和校外教學不同的是學校孩子是去放空，通常一上車就學生各自玩自己的、玩手機、電動、唱歌、講笑話、吃零食等，沒有學習的活動。親子遊學團的小朋友坐在遊覽車的前面，老師一上車就開講介紹沿途的史地特色，還會播放一些公視「下課花路米」和「我們的島」節目和目的地相關的影片，這樣孩子到了目的地後就更能有效統整當地的歷史、地理和人文。例如：在八卦山上可以遠眺鹿港，就知道為什麼當初這是一個很重要的地點，很多人要佔領這裡是為了掌控制高點，因為它是彰化平原唯一凸出來的一塊地；到八卦山的尾端去看濁水溪下游，這一整塊地區當初是沒有辦法開發的，可是為什麼後來成為台灣的米倉，是因為蓋了大圳，孩子就能理解八堡圳對彰化平原開發的重要性。

這種親子遊學團我們參加過3次，這種旅行的好處是建一老師會深度講解，而且老師會打點好一路的行程安

聽建一老師解釋大圳對灌溉的重要。

排，並解說歷史人文背景，於是家長也能充分放鬆。我們去過彰化平原、屏東古戰場和花蓮原住民部落，行程中的學習比較著重歷史、地理和生態，因為老師很喜歡談地貌、地形、河流等，是一個統整性的課程。

不過因為參加遊學團的孩子年齡層很廣，從小一、小二到國一、國二都有，每個孩子能接受的內容、速度、範圍都不太一樣，所以有時候老師講解的內容並不適合所有的小朋友。當然，有些地點孩子比較感興趣，有些就沒有那麼好玩。像去屏東縣佳冬鄉時，由於當地大量抽取地下水養魚導致塭豐村嚴重地層下陷，這些地方就讓孩子印像深刻，因為放眼望去，屋頂在平地，1樓在

沒有什麼比身歷其境更能達到學習效果。

地底下，超抽地下水的結果好可怕！視覺上效果真的很強烈。可是去到「牡丹社之役」的「石門古戰場」，孩子就覺得無聊，因為什麼都看不到，只有一個紀念碑，一堆草和幾棵樹，老師講得口沫橫飛，孩子們，甚至連我們這些大人都覺得有些無趣。

行前簡單規劃，事後詳細報告

除了和其他自學家庭組團遊學之外，我們也會自己安排旅行。比如，2011年，我爸爸媽媽來臺灣時，我和Tim就安排全家和他們一起去金門。因為明秀

親子遊學團的學習報告。

戰地的景觀在金門看得到。

和明哲從來沒去過金門,在出發前,我先給孩子們看一些故事書,像是金門縣政府文化局出版的《阿金的菜刀》、《老房子說故事》和金門國公園管理處出版的《幫風獅爺穿衣服》等系列的童書和繪本。

　　金門的景觀很有特色,像古厝、碉堡和坦克車等,另外還有一些是必須知道背景故事才知道它的特別之處,例如實施長達36年之久的戰地政務時期,所以我先給孩子書看,告訴他們金門在哪裡,在那裡曾經發生過哪些事情等等,也會先給他們看地圖,因為到了當地不一定能察覺周遭的環境。例如給孩子看Google Earth的模擬,讓他們從高空俯瞰就知道金門距離廈門只有5公里遠,到時候我們站在慈湖海邊遠眺對岸的廈門國際會展中心,視覺感受會很強烈。我先告訴他們,地圖上的這裡就是中國,你現在站的位置就是這麼的近,

清朝金門鎮總兵署是400年的古蹟。

為什麼打仗時會很危險,因為對方連你都看得到,當然砲彈會打得到你。讓他們先從地圖上了解金門是多麼小的一個島,多麼接近中國。

　　平常我們在臺灣開車旅遊連旅館都不會預訂,會開到當地再找。有一次我們從臺北開車到臺東的史前博物館,在

出發前我們會跟孩子講目的地是哪裡，一路上會經過哪些地方，可以去看什麼景點，也會約好臺東的朋友見面，大致上行前只跟孩子們講這些。我覺得更重要的是回家以後的討論，像是去過哪裡？看到些什麼？他們需要思考、整理之後，才會真正學到東西。

　　每次旅遊回來以後，明秀和明哲必須做1個旅遊報告，報告裡面可能包含照片整理、車票、景點的介紹等一路上蒐集回來的東西。因為重新整理過一遍，他們的印象才會比較深刻。

☁ 烏來之旅 by 明秀

　　2006年12月13日，我們和外公外婆去烏來看瀑布。我們走一走，爬很多很滑的樓梯（樓梯上有很多青苔）。我很喜歡『新郎背新娘』的雕像。以前泰雅族的習慣是新郎需要給新娘家很多禮物，然後要背新娘回他家，如果背不動就不能結婚。中午我們坐台車（非常小的火車）去烏來的老街吃飯。烏來的特產是我最喜歡的竹筒飯。烏來的炒溪蝦也很好吃。因為我們去烏來的那一天是平日，所以纜車沒有開。我很想再去一次烏來坐纜車。

臺灣的節慶祭典與本土文化

　　臺灣和波蘭一樣，很多民間習俗和宗教信仰是融合在一起的，但由於我們家信仰基督教禁拜偶像，在過傳統節慶時就不會到廟宇去拿香跟人拜，但偶爾會去參觀體驗一下氣氛。譬如過年時會去在臺北市萬華區的龍山寺看熱鬧。或是像在平溪放天燈，但不一定是元宵節那一段時間去。像臺中市大甲區的鎮瀾宮媽祖遶境時，我們就是以去看廟宇的建築和去了解文化的角度來看整個活動，而不是以信仰的角度去看它。

　　雖然我們家不拜拜，但我們會參加祭祖和掃墓，像是去臺中時，Tim 會帶我們全家一起去龍井看祖厝，看我公公出生的房子。還有每年清明節掃墓也很重要，我們會趁機讓孩子認識家族史，讓他們知道陳家的祖先從中國福建省漳州來，在臺灣定居到了他們

自學家庭的親子遊學團首發到屏東縣三地門鄉。

這代已經是第10代了。

在歷史方面，比如每年的2月28日我們就會帶孩子去參加228的紀念活動，讓他們了解為什麼要紀念這1天，而不只是過1天可以放假的日子。

至於有關學習原住民的部分，明哲和明秀從小就很喜歡聽風潮出版的荷蘭人與臺灣原住民故事有聲書《Vu Vu的故事》，以及閱讀青林出版的原住民故事繪本《射日》。親子遊學團之前有一些行程會走訪原鄉，介紹原住民與漢人開發和日本統治間的衝突歷史，雖然我們對原住民的文化與歷史認識有限，但還是會帶著明秀和明哲去了解。比如我們去到烏來玩時，就會跟孩子解釋泰雅族的習俗和原住民參與高砂義勇隊的歷史背景，也會帶孩子去故宮博物院對面的順益原住民博物館參觀，去花蓮時會去參觀布洛灣台地的太魯閣族工藝展示館，去臺東時會去阿美族民俗中心體驗原住民生活的方式。

不過這樣的學習方式是比較淺層的，我和Tim認為要深入認識臺灣原住民必須涉及原住民的姓氏、土地歸還、民族正名及社會、經濟與教育弱勢等現況，我們希望孩子大一點時，能用比較全面和宏觀的角度來看待這些議題。

☑ 人際網絡與網路學習

孩子的人際關係

　　不少人懷疑自學學生都關在家裡怎麼會有人際關係。其實，就如同前面提過的，孩子們會去上些才藝課，因此就會有才藝班的同學，也會因而產生同儕關係。家長和孩子也會參與 Tim 創辦的 2nd Tue 共遊活動，所以有興趣的自學家庭都可以來參加，像明秀跟幾個自學家庭的女兒也都經常保持聯絡，成為好友。至於明哲，他的朋友包括住在臺灣的波蘭小男生和其他自學學生。明哲和明秀這幾年下來也結交不少住在波蘭的好友，除了回波蘭時碰面外，從臺灣也可以透過網路視訊保持聯繫。

明哲和好友 Zosia 演影偶戲。

2nd Tue去桃園縣大溪鎮的東和音樂體驗館參觀鋼琴工廠。

 ## From Park Day to Second Tuesday　by Tim

　　自學學生最常被不熟悉自學的人質疑的不是沒有在學習，而是孩子因為沒有團體生活，導至人際關係功能不佳。雖然全國每年有上千個孩子申請自學，但是他們遍佈各地彼此都不認識，而教育主管機關認為自學學生的團體生活就是到學校參加運動會或到設籍班上去打躲避球，沒有1個真正在為自學學生和家長設計的團體活動。

　　在有200萬自學人口的美國，自學家庭會每週固定一天相約在社區公園活動稱為Park Day。Park Day除了讓自學的孩子能夠有機會和其他自學孩子在遊戲中互動，培養人際關係之外，也是給自學家長們交換自學心得或甘苦談的機會，許多學習相關的訊息，例如教材和教法的經驗分享就在這種非正式的管道中傳遞。

　　在國內，由於要讓自學家長認為參加Park Day不是只有在玩還有學到東西，我從2007年12月開始每個月的第二個星期二（Second Tuesday）都安排1個有導覽的地方，在homeschool.tw的網站上號召自學家庭一起走出來「寓教於樂」。這8年來，我們除了參觀過北臺灣的大小博物館、美術館、農場，也曾經到過臺中的國立自然科學博物館。參加Second Tuesday活動的學生人數，從第一次在臺北市立美術館舉辦的4位大人和5位小孩，到2010年12月的聖誕派對來個超過160位學生和家長，可見自學家庭是非常渴望有機會能和其他自學家庭互動。

　　過去8年來已經有上千人次參加過Second Tuesday的活動，除了一個月碰面一次之外，這些自學家長們也會規劃設計孩子們一起共學和家長成長課程。Second Tuesday儼然成為自學家庭在網路論壇之外的實體交流平台。

　　除了每個月一次的親子共遊之外，在每個月最後一個星期五的Last Friday聚會上，也會邀請各領域的專家或有經驗的自學家長來分享，以達到家長成長的目的。這些活動都是開放給所有的人來報名參加。（請參考：2t.chen-wernik.net）

友誼的持續性

　　或者也會有人問我，明秀和明哲常去國外，滿容易交到外國朋友，那麼我們會讓孩子們繼續跟他們保持聯絡嗎？

　　其實這要看情形跟看人。我們並不會跟所有人都繼續維持友誼，比較後續有在維持的通常大人需要努力去經營那一塊，並加以協助，就像明哲和明秀住在波蘭的朋友，因為朋友的爸媽也都是朋友，所以我們會協助他們繼續經營那一塊的友誼或聯繫，其他的通常就沒有，只有在當地大家玩得很快樂，到後來未必見得會繼續聯絡。不過因為現在有Facebook的關係，孩子們可以繼續保持聯絡，但沒有深交，只知道他們現在又去哪裡玩，或以前萍水相逢的人現在在做什麼而已。

　　由於明玲還未滿Facebook規定的13歲，目前我們只允許明秀和明哲可以自己上臉書保持聯絡，至於每一年會互相探望的那些友人，我們就會寫e-mail或是打Skype電話。比如，有一次孩子們去馬祖，認識了一個當地家庭，他們非常喜歡那個家庭，所以有1、2次寫了卡片給他們，可是對方從未回信，一遍、兩遍，石沉大海，只有我們單方面積極想保持聯絡，這樣的關係也很難維持下去。

處理人際關係也需要學習

　　我們夫妻對明秀和明哲的多元人際關係抱持一種正面的想法，就是他們從小不斷有機會去交新朋友，所以他們對於關係的處理就會比較成熟，比較不會被傷害，因為他們知道就算今天感情被傷害了，明天還有機會交新的朋友，即使今天大家往來親密，也終有分開的一天，所以這方面他們就會滿習慣。

　　我基本上不鼓勵也不認為家長應該放手讓小朋友自己去交友，完全不介入孩子的人際關係。家長應該鼓勵孩子去嘗試新的事物，在試的過程中一定會交到各式各樣的朋友，那他第一件事就是要學會如何去處理人際關係，例如有些人都可以深交，但另一些人是有過經驗就可以了，孩子必須要很早就認識兩者間的差異。

　　另外是家長之

超人氣的姊弟檔！

間的關係，如果大人之間關係很密切，也會影響到孩子們之間的關係，所以某種程度成了家庭跟家庭間的關係。在臺灣的社會新聞經常會看到這種例子，兩個孩子關係很親密，但是雙方家長連電話都沒有講過，更不用說見過面。有一天，孩子們相約一起翹家，雙方家長都是在家等不到人才知道孩子不見了。幸運的孩子錢花光了就回來了，不幸的可能從此就失去聯絡。很誇張！家長怎麼會搞到自己的孩子失蹤卻完全狀況外呢？

有時家長不認識自己孩子的朋友，突然想要認識，孩子卻不願意介紹給父母認識，不想讓父母納入這個人際關係圈裡面，父母變成局外人，只有孩子們自己是局內人。我覺得這樣做很危險，孩子未成年，在處理人際關係的經驗還

明哲（左二）在日本北海道用日語上滑雪課。

不夠，不管智力高低，經驗不足會影響他的判斷，可能身陷危險而不自知。

　　傳統父母的做法是，要孩子乖乖待家裡不要到處趴趴走亂交朋友，可是孩子在家中一樣可以上網啊，即使是把電腦關掉，網路線拔掉，孩子還是無時無刻可以用手機上網而家長根本不知道他在幹什麼？所以，與其如此，不如更積極的去處理孩子的人際關係，一定要讓父母成為孩子人際圈內的一份子。這不是說要強迫孩子一定要把家長加入他的Facebook好友，而是要帶著孩子參與社交活動增廣見聞。像我們經常在國際間跑來跑去，就有機會認識不同文化、不同背景的人如何交朋友，好比日本人重禮數，要備妥禮物，才去拜訪對方的家長，雙方會互贈禮物等等，但是在北美洲，往往是大家一起上1、2週的滑雪課，或許很契合，但是假期一結束就各自回家，也就此分道揚鑣了。

網路學習

現在是個網路社會，臺灣的孩子往往還不能很清楚的表達自己的想法，卻已經開始上網玩遊戲或是玩 iPAD，但是對我們這種自學家庭而言，網路真的是學習的好工具。

比如，我們從過去到現在，一直持續使用學習語言的網站，中文的部分如精選動畫故事、快樂學華語，是屬於免費的資源，而英語的部分，如 Starfall，或是 JumpStart 網路版，都有豐富的畫面和好玩的遊戲，如果能在孩子上網學習時，陪伴在他們旁邊加以指導，其實也可以讓孩子快樂學習語言。

至於數學，我們現在經常使用來學習數學的網站有 Khan Academy，這個網站是免費的網路資源，當初創辦人 Salman Khan 在 2006 年是基於要協助住在幾千公里外的親戚複習功課，於是把他的家教教學內容放在 YouTube 上開始了這樣的教學，目前在可汗學院 Khan Academy 上可以學到的科目，除了數學之外，還包括物理、化學、歷史、生物、經濟、天文、財務等，有興趣的家長或孩子，其實都可以上網去使用看看。對英語程度不夠好的孩子，除了看可汗學院教學影片的中文字幕外，也可以上均一教育平台（http://www.junyiacademy.org/）看中文教學影片。此外，均一也有一些內容，如學測考題的解析，是針對國內教育

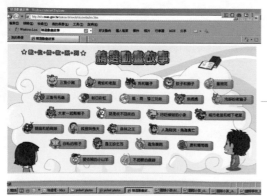

可以邊聽邊看精選動畫故事網的內容。

現場的需求而開發的。

　　至於其他的網路學習網站，我們曾經讓明秀和明哲使用過的還有 Enchanted Learning 的工作單、美國太空總署（NASA Kid's Club）兒童俱樂部、美國公共電視（PBS Kids）兒童專區、英國國家廣播公司（BBC）兒童頻道、國家地理（National Geographic Kids）兒童專區。Enchanted Learning 備有許多不同科目的工作單，適合從學齡前到高中學生，除了英文以外，還有西班牙文、法文、德文的工作單。NASA 的兒童俱樂部除了有很多和太空科學相關的資訊外，還有些有趣的遊戲寓教於樂。BBC 兒童頻道有專為不同年齡層兒童製作的英國國內和國際新聞節目和遊戲。國家地理的兒童網站除了自然生態和地理之外，當然少不了探索和冒險的遊戲。美國公共電視的兒童區有許多適合學齡前孩子練習聽力的英語內容。Learning Page 的網站上還有更多的課程計畫和工作單可以幫助家長設計相關內容。

　　明秀和明哲也會依照他們學習的需要去註冊相關的摩課師（MOOC）課程。摩課師是由世界頂尖大學所提供的免費線上開放課程，像明秀在國中時就曾修過 Coursera 平台上的一門由美國 Wesleyan 大學教授所開的「好萊塢的語言：故事、聲音與色彩」來學習電影發展史，而明哲在小學時也曾在 EdX 平台上修過由德州大學奧斯丁分校所開的「爵士音樂欣賞」課程，摩課師對於清楚自己需要學習什麼的自學學生來說，是非常有彈性的學習工具。

Khan Academy　by 明哲

　　我覺得Khan Academy很好玩，因為可以得到很多不同的徽章，我玩了5個月，已經得到7枚月亮徽章和9枚隕石徽章。我從最上面，也就是最簡單的加法開始學，然後往下挑戰更難的部分，做對了就可以一直往下，每完成一個題目就會得到分數。如果你做很快很快，而且都答對就可以得到高分。但只要做錯或慢下來，就必須完成更多的題目才能過關。有很多不同的方法可以得到不同的徽章，我有12個是做很快得到的徽章，然後有一個是做得很好得到的徽章，還有一個是答題很快又沒錯的徽章。

　　它的網頁下面會有1個流量表，完成越來越多，它就會一直往上衝，可是如果在最後一題錯的話，就要從頭開始了，這個設計好像一個遊戲，不過我更喜歡玩JumpStart。

從電腦輔助教學到學習遊戲　by Tim

　　臺灣號稱是IT王國，在資源充沛的臺北市，國小教室幾乎每間都有投影機甚至電子白板，除了每年教科書商用盡心思幫老師設計搭配他們出版的教科書所需要的電腦輔助教學數位教材之外，教育部還從2012年起投入4年17億元打造教育雲。這些「值超所物」的雲端計畫完全搞錯方向，因為當世界已經意識到「學習」才是王道，臺灣還停留在把重點放在「教學」。以獲得包括比爾蓋茲基金會和Google贊助的Khan Academy為例，整個2700個課程以心智圖的方式呈現，讓孩子可以一目了然，知道自己目前學習的內容和整個課程的關係。不但如此，孩子可以自由決定學習的進度，並且透過把算數練習當成闖關遊戲的設計，鼓勵孩子不斷挑戰自己。孩子必須完成6個向度的學習，每一個向度的完成程度以雷達圖呈現，讓家長了解孩子的核心能力以及及需要加強的部分。此外，Khan Academy還會統計孩子回答每一個問題或每一個向度的小單元的速度，並分析他對不同向度題目的反應速度，每一題的回答時間可以精準到秒，讓家長了解到小孩在某一題上面花多少時間，而不只是他答對或答錯的比例。

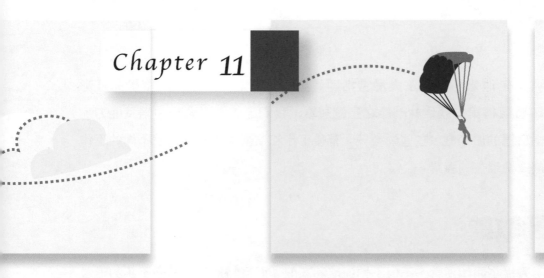

Chapter 11

☑ 從興趣中培養能力，依價值觀選擇職業

— 運動教練
— 幕後工作
— 演藝人員

明秀在14歲考過加拿大滑雪指導員證書、入圍第五屆台灣國際兒童影展、15歲贏得第二屆伊林璀璨之星總冠軍,我們陪伴她從興趣中培養能力,根據她自己的價值觀,在運動教練、幕後工作和演藝人員三種截然不同的工作中,選擇她現在的職業。

運動教練

明秀從小開始滑雪,不但不怕速度和高度,而且特別喜歡凹凸不平的鬆雪和充滿障礙的樹林。但是一個好的滑雪指導員不只是要自己滑得好,更重要的是要讓學員聽得懂,做得到,更要是注意安全。明秀考過證書後的隔年2013年冬季我們回到日本新潟縣妙高高原,擔任那魯灣魔法滑雪學校的助理指導員。由於明秀那時只有15歲,要教那些平常就沒有在運動,而且年紀可以當她媽媽的大人滑雪實在很不容易,三天的課上下來明秀和學員都一起人仰馬翻,但她還是再接再厲。為了要累積更多的滑雪教學時數,明秀2014年16歲再轉往日本岩手縣雫石,擔任一個月的雪精靈兒童滑雪營的駐站指導員。兒童滑雪營的駐站指導員是全時照護,除了白天教滑雪,下課後還要安親,晚上還要當保母,離開雪場時兼領隊導遊,不論自己多累還是得專注把孩子們全員平安帶回去給家長。這一年11歲的弟弟明哲也跟著明秀一起住在雫石一個月,除了早上要負責叫明秀起床外,還得要擔任小助教負責押隊。

2015年明秀17歲，決定挑戰新潟縣第一大的苗場滑雪場，除了教從6歲到60歲客人滑雪外，還要負責訓練其他的滑雪指導員，所以包括排課、器材租貸、接送客人等等都要負責。為了讓自己的技術更精進，明秀在2015年9月去紐西蘭參加滑雪指導員的專業訓練，並且考取紐西蘭雪地滑板指導員證書，成為可以教單板和雙板的兩棲滑雪指導員。為了實現她的理想，2016年明秀18歲和同僚一起創業，在日本長野縣白馬開了一所只接私人課程的野雪塾滑雪學校。

　　明秀從她對滑雪的興趣，在考過指導員證書後累積各種相關的工作經驗，培養擔任滑雪指導員所需要的能力，如溝通、客服、體力、耐心等，最後在考量她自己的價值觀後，決定以合夥創業的方式打造自己的職業。

幕後工作

　　明秀的紀錄片「滑出自己的夢」在2012年她14歲時入圍第五屆台灣國際兒童影展後，她持續製作許多短片累積經驗，也透過網路開放課程和旁聽大學課程等方式精進自己相關的知識。明秀在中間也曾經嘗試過接委託製作短片的工作，但最後發現從事影像製作工作往往需要做出很多創作上犧牲，遇到眼高錢低或不知道自己要什麼的客戶更是痛苦，因此她決定將影音製作當成是興趣，創作滑雪教學影片和介紹如何切臺灣水果的影片。

演藝人員

　　明秀從5歲開始擔任童裝模特兒，15歲贏得第二屆伊林璀璨之星總冠軍後，擔任過克麗緹娜企業形象廣告模特兒、擔任基隆市文化局的《基隆基隆》微電影女主角、主持《巧虎ABC Island Let's Talk!》12集DVD等，累積了廣告、電影和電視主持等相關經驗，並且找秀導學習美姿美儀，參加百老匯音樂劇和劇場的表演課程，在專業上不斷精進。

　　可是國內時尚界對模特兒身體質量指數（Body Mass Index, BMI）的要求十分嚴苛，以明秀176公分的身高最好是不要超過50公斤，但根據衛生福利部國民健康署的網站，她的身高低於57公斤就是體重過輕，因此她在審慎考慮自己的價值觀後，決定在不影響身體健康的前提下從事演藝工作。

明秀贏得第二屆伊林璀璨之星后冠。

〈跋〉整理之後再出發

　　2007年7月，Tim開始在 www.homeschool.tw 的網站上寫我們在家自學的部落格，九年下來累積超過400篇文章，有朋友曾建議他把部落格集結成冊出書，但他一直推說沒時間而沒有付諸行動，直到2011年3月，商周出版總編輯黃靖卉女士邀請他幫華盛頓大學的李宗隆學長全家合著的《愛的協奏曲》寫序，他的「輸人不輸陣」鬥志被激發出來，決定趕在2012年5月自學申請截止前，跟我合出一本書談我們家累積超過12個學年的自學經驗。

　　寫書的辛苦是沒經驗過的人所無法體會的，尤其是像我們家還要一邊忙著教孩子，一邊向政府爭取自學學生的權益，哪有時間來寫書啊！幸運的是，我們有像靖卉這樣的專業編輯在前面拉著我們，在後面趕我們，不然我們可能會拖到明秀高中畢業時也無法完成。

　　透過寫這本書，我們把塵封10多年的老照片拿出來整理，也回顧當年決定自學的動機和想達成的目標，很高興地發現孩子現在的表現和當初預設的目標相差不遠，更慶幸的是孩子的童年時光沒有浪費在應付考試，而是紮紮實實地在學習。

這本書的完成在某些方面也是另一個新階段的開始，明秀在2013年升高中後計畫繼續自學，明哲3年後也將進入國中青春期，也意味著我們都將面臨全新的挑戰。或許我們不知道政府未來將如何規劃12年國教，更不知道臺灣的大學能否擠進世界百大，但我們知道，透過自學養成明秀和明哲對學習正確的態度和解決問題的能力，不論他們未來選擇到世界的哪一個角落升學或就業，都不需要我們操心。

Dorota Chen-Wernik 魏多麗 ╳ 陳怡光

〈附錄〉自學相關部落格及社群

　　如果有興趣更深入了解在家自學，不妨上下列相關部落格或社群進一步探索。

波蘭媽媽魏多麗和台灣爸爸陳怡光－fb.com/chenbama
英文粉絲頁Babel School－fb.com/BabelSchool
陳明秀－fb.com/ChenZozo
陳明哲－fb.com/chenjasiek
保障教育選擇權聯盟－homeschool.tw
Babel School in Taiwan－ ourbabelschool.blogspot.com
Dzienne sprawki na Tajwanie － zozo-na-tajwanie.blogspot.tw/
My Newsroom － jasnewsroom.blogspot.tw/
Out & About － outandaboutmj.blogspot.com
陳怡光／ 米克斯觀點 － opinion.cw.com.tw/blog/profile/352
Learn@Home in Taiwan－ fb.com/groups/101582249890237
實驗天地－ fb.com/treeedu
自學地圖－ alearn.org.tw
慕真在家教育協會－www.mujen.org.tw
全球讀經教育交流網－bbs.gsr.org.tw/cgi-bin/leobbs.cgi
桃園非學校型態實驗教育聯盟－ fb.com//groups/192497560815847
Homeschool under the sun 南台灣自學團－ fb.com//groups/481216725282972
美國HSLDA－hslda.org
在家上學聯盟 － chinahomeschooling.com

全台實驗教育單位總覽 － topic.parenting.com.tw/download/126-127_教育清單S.pdf
台灣親子共學教育促進會 － parentparticipatingeducation.blogspot.tw/
臺灣實驗教育聯盟 － ateei-org.blogspot.tw

〈附錄〉網路資源

以下網站都是我們家使用過後覺得還不錯的。

線上學習資源網站：
均一教育平台－junyiacademy.org
全國中小學題庫網－exam.naer.edu.tw
愛學網－stv.moe.edu.tw/
JumpStart jumpstart.com
Enchanted Learning enchantedlearning.com
Starfall starfall.com
Khan Academy khanacademy.org
Usborne Quicklinks usborne-quicklinks.com
Learning Page - Free Teaching Resources learningpage.com
education.com – education.com
Homeschool Share – homeschoolshare.com
PBS - Kids pbskids.org
National Geographic Kids - kids.nationalgeographic.com
Coursera – coursera.org
edX - edx.org

學習規劃和記錄：
Homeschool Tracker homeschooltracker.com

國家圖書館出版品預行編目資料

我家就是國際學校：波蘭媽媽X臺灣爸爸的地球村教養
經驗 / 魏多麗（Dorota Chen-Wernik），陳怡光著. --
二版. -- 臺北市：商周出版：家庭傳媒城邦分公司發
行, 2016.04
面；　　公分. --（商周教育館；4）
ISBN 978-986-92880-9-5 (平裝)

1.親職教育　2.多元文化教育

528.2　　　　　　　　　　105003899

商周教育館　4

我家就是國際學校（增修版，附自學手冊）：波蘭媽媽X台灣爸爸的地球村教養經驗

作　　　者／魏多麗（Dorota Chen-Wernik）、陳怡光
企畫選書人／黃靖卉
責任編輯／黃靖卉

版　　　權／翁靜如
行銷業務／張媖茜、黃崇華
總　經　理／彭之琬
發　行　人／何飛鵬
法律顧問／台英國際商務法律事務所 羅明通律師
出　　　版／商周出版
　　　　　　台北市104民生東路二段141號9樓
　　　　　　電話：(02) 25007008　傳真：(02)25007759
　　　　　　E-mail：bwp.service@cite.com.tw
　　　　　　Blog：http://bwp25007008.pixnet.net/blog
發　　　行／英屬蓋曼群島商家庭傳媒股份有限公司 城邦分公司
　　　　　　台北市中山區民生東路二段141號2樓
　　　　　　書虫客服服務專線：02-25007718；25007719
　　　　　　服務時間：週一至週五上午09:30-12:00；下午13:30-17:00
　　　　　　24小時傳真專線：02-25001990；25001991
　　　　　　劃撥帳號：19863813；戶名：書虫股份有限公司
　　　　　　讀者服務信箱：service@readingclub.com.tw
　　　　　　城邦讀書花園：www.cite.com.tw
香港發行所／城邦（香港）出版集團有限公司
　　　　　　香港灣仔駱克道193號東超商業中心1樓；E-mail：hkcite@biznetvigator.com
　　　　　　電話：(852) 25086231　傳真：(852) 25789337
馬新發行所／城邦（馬新）出版集團 Cite (M) Sdn. Bhd.
　　　　　　41, Jalan Radin Anum, Bandar Baru Sri Petaling, 57000 Kuala Lumpur, Malaysia.
　　　　　　Tel: (603) 90578822　Fax: (603) 90576622　Email: cite@cite.com.my

封面版型設計／徐璽設計工作室
排　　　版／極翔企業有限公司
印　　　刷／前進彩藝有限公司
總　經　銷／聯合發行股份有限公司
　　　　　　地址：新北市231新店區寶橋路235巷6弄6號2樓
　　　　　　電話：（02）2917-8022　傳真：（02）2911-0053

■2012年4月26日初版　　　　　　　　　　Printed in Taiwan
■2016年4月二版一刷
定價320元

城邦讀書花園
www.cite.com.tw